シリーズ教師のしごと

4

学びに取り組む教師

全生研常任委員会 企画
竹内常一 編集代表
子安 潤・坂田和子 編著

高文研

「シリーズ教師のしごと」刊行の辞

教育基本法が廃止され、新教育基本法が制定され、二〇一五年現在で一〇年を経過することになったが、それで学校は子どもと教師と保護者にとって「幸福追求」の「場」になっただろうか。

最近、ある小学校教師から学年始めの同僚教師たちの動き方を聞く機会があった。かれによれば、「学年始めの学級担任のしごとは、一人ひとりの子どもによって生きられている生活と学習の現実を知り、その現実をよりよいものに変えたいと願う一人ひとりと子どもと集団のニーズを引き出すことであるはずなのに、いまはまったく違う」。

「教師たちが学年始めにすることといったら、アンテナを高く立て、職場の空気を読み、力関係をおしはかり、足並みをそろえる気遣いをし、力あるものにたいする自分の立ち位置を定めようとすることだ」という。

「しかし、」とかれは言葉をついで、「いちばん困ることは、この教師たちの『関係づくり』のなかで教育実践のすすめかたがなんとなく決まっていくというか、無自覚、無責任に画一化していくということだ。どのクラスの学級目標も同じとなり、教科書、ワークブックの指導の進度も同じでなければならない」ことになる。

最近は、こうした傾向が強くみられるのは「道徳」の授業だ。「もう文科省（文部科学省）は強制しなくても、こうした教師たちからなる学校は文科省の先を行っている」と怒りをにじませて話したが、文科省もこうした教師たちによって「積極的な市民性」などを育てることは不可能だと思っているに違いない。

こうした話を聞いた折も折、教師にたいするふたつの政策が自民党教育再生実行本部と文科省において構想されているという報道に接した。

そのひとつの自民党教育再生実行本部の構想は「教員免許の国家資格化」といわれるものである。それは、大学において教員養成課程を履修した後に国家試験と一〜二年程度の学校でのインターンを経て初めて教員免許状を授与するというものである。

いまひとつの文科省の構想は、小・中・高の教員が段階に応じて身に付けるべき能力を示した「育成目標」をつくり、教育経験や学校内の役割・地位に応じて必要とされる「育成目標」を選択・研修して、キャリアアップしていくことを促すというものである。

二つの教員政策の構想は、改憲のプログラムの具体化に呼応して、学校のあり方、教師のしごとの仕方をこれまで以上に大きく変えようとする「教育改革」の一環である。

その「学校改革」は、一方では、「道徳」「公民」の特別教科化と「ゼロトレランス」の採用、他方では、「授業のスタンダード」と「ビッグデータにもとづく子どもの学習のシステム化」として具体化されつつある。

こうした憲法改正と歩調をあわせた「教育改革」と教員統制のなかで、教師たちは教師としての仕事ぶりを問い、迷い、たちつくす日々を送っているのではないだろうか。それればかりか、教師としてのアイデンティティを根底からゆさぶられているのではないだろうか。

そうした時代を生きる教師の迷い、揺れ、絶望に応えるために、私たちは第一巻『生活指導とは何か』、第二巻『生活指導と学級集団づくり　小学校』、第三巻『生活指導と学級集団づくり　中学校』、第四巻『学びに取り組む教師』からなる本シリーズの刊行にふみきった。シリーズの執筆者は全国生活指導研究協議会（一九五九年創立）に属する実践家と研究者であるが、「生活指導」という教師の営みは子どもの生活と生き方の指導をとおして学校と教師のあり方を問いただし、子どもたちが自分たちの未来を切り拓くことに責任を負う実践であるところから、本シリーズのタイトルをあえて『教師のしごと』とした。寛恕されたい。

編集代表　竹内　常一

まえがき

本書は、これからはじまる授業と学びの困難を見据えて、これに挑む契機を探求することを目的に編まれた。だからこれまでの取り組みを反芻するのではなくて、次期の学習指導要領のもとではじまる困難に対して、これを越える考え方と取り組みを考えるデータを提出したいと考えたものである。これまでに生みだしてきた授業と学びに関する最良の観点を継承しつつ、今日的な意味を読者と共に新たに見つけ出し、さらに次の輪郭を描き出すことをねらいとしている。

では、授業と学びの今日的な困難とは何か。

一つは、教科内容・教材研究からの教師の排除である。教科書検定は、国家が内容の輪郭を描いて発注し、できあがったものを点検するものとなり、事実上の国定教科書に近づいている。時の政権の書かせたい内容を強いるものとなっている。これまで教科書をいかに活用するかは、教師の裁量に委ねられていた。しかし、今では「公定」の教科書解釈と教材の扱い方が「定式化」され、それに従うことが学校と教師に強要される状況が生まれている。だが、教える者にこそ自律的な教科内容・教材研究が本当は求められている。

二つは、中教審によるコンピテンシー・ベースへの転換という方針の下、教える内容を二の次とした教育活動や学習活動の「活動的定型化」が進められていることである。アクティブ・ラーニングが推奨されているが、それは教科内容と切り離された、形ばかりの活動的学習の定型化を促進させるものとなっている。学習活動の定型化は、教育行政が設定する授業のスタンダード化によって、教師の活動を強く統制・評価するものとなっている。

三つには、こうした状況の下で、子どもたちは一方で従来通りの知識の記憶量に関する学力競争に駆りたてられ、他方で思考力や表現力を所有しているとみせるスキル競争に駆りたてられることになった。そのために、学習が卑近な生活とはつなげられるが、子どもの生活の深部とつながった学びからは疎外されている。

これらの困難に対してその問題点を、中教審周辺によるコンピテンシー・ベースの教育という流行への批判、授業のスタンダード化批判、学習集団論の捉え直し、教科内容研究を土台にした学びの観点を子安が論じた。そこでは、従来の捉え方を変更する提案をいくつか行っている。

次に、生活から学びを立ち上げるアプローチの実践を三つ配置した。ただし、三つのアプローチはそれぞれ異なる。この違いが、生活の批判的学び方の捉え方を広げるものとなっている。

原田実践は、形式的なエセ生活的授業の動向に対して、学びを子どもの暮らしから立ち上げていく筋道を明快な輪郭で描いていく。それは、子どもの荒れた姿から学びを課題化していくものだが、まず子どもとの対話から信頼関係を築き出す。この時、親を含めて子どもの抱える困難に共感しつつ、暮らしを社会的課題へと押し広げていく。ここには原田の多様な人の存在への研究がある。このことはもっと注目されていい。

中野実践も子どもの暮らし方から学びを立ち上げる。この点では原田と同じ筋道が見えるが、取り組む事柄が異なり、モノを育てる活動に取り組む方向で展開していく。モノを壊したがる子どもたちに、対極の創造的な世界を体験させて、モノと交わり、モノの要求に応えて自分たちがモノを生み出す世界へと誘っている。ここでもモノを育てる知の研究が土台となっていることが見て取れる。

鈴木実践は、現代の社会的課題に正面から取り組む。原発の再稼働の動きや住民の対立構造が複雑な中で、声を挙げにくい事情が学校と子どもたちの中にある。取り組むこと自体が困難になりつつある生活の課題に挑んだ記録である。「エネルギーの将来」や「福島の復興」をどのように見つめ、関わろうとしているのかを同じ福島県に生活している大人の一人として問いかけることからはじめる実践である。

今ひとつのアプローチは、生活指導との関連を意識してはいるが、むしろ学びそれ自体を文化の論理に沿いながら成立させていく記録である。これも陰翳のことなる三つの実践を配置した。

兼口実践は、言葉の力の諸側面を捉えさせることで、空虚であったり棘のある言葉から、言葉で人も世界も受け止められもするという見方を育てる試みである。言い換えれば、世界を表現・

創造もできるものにしようとする試みである。だから、言葉遊びも、楽しさよりも、そこに子どもの願いが入り込むものとして捉えている。社会の現実も子どもの現実も子どもの言葉で表現するなかで、形式的表現の巧みさではなくて、子どもの世界が広がることになっているかにこそ関心を向けた取り組みとなっている。

植田実践は、人も地域も丹念に見つめる実践である。答えを急ぐ子どもたちは、簡単に効率的な解が得られさえすればいいと考えがちとなる。これに対して、それぞれの疑問や意見を大切にするところから出発し、子どもたちに事実をじっくりと見てもらう学習を積み上げていく。三角形の定義の場面にあるように先に定義ありきではなく、子どもの疑問や誤解を丹念にほどいていく。また、地域への着目には格別のものがあるが、これをいかに位置づけていくのか検討してほしいものである。

高橋実践は、教科の内容的分析を先行させ、その内容的分析を学び手の生き方、息づかいと結び合わせていく。高橋の次の指摘がそのことをよく示している。「『この授業はあらかじめ決まっているゴールに向かっているのではなく、その教室に自分（と仲間）がいるからこそ生まれるただ一つのものなのだ』と知り、そのような学びの意味を実感できるようになっていったとき、初めて未熟な自分をもさらけ出し、応答し合える安心感の中で『能動的な学び』が大きく動き出す」と。自分と仲間をともどもに意味ある存在として認め合うプロセスが授業の内容的指導と共にもう一つ流れている記録となっている。

こうした各実践のより詳細な分析・意味付けの試みは白石論文が行っている。この分析を一つの鏡として、読者それぞれの読みを重ねて、今生まれつつある困難を越える手がかりを広げていただくことに本書がなればと願うものである。

二〇一六年五月

子安　潤

もくじ

III　教室に学びをつくる

実践記録　ことばのある場所を学びあいの世界にする（兼口　大）

実践記録　生き生きした学びが生まれる教室づくり（植田一夫）

Ⅳ　授業実践記録の批評と学びの課題　（白石陽一）

I

子どもの未来をひらく授業づくり

子安　潤

はじめに

子どもたちは、降りかかる生活の困難や関係づくりの困難を生きながらも、文化世界の仕組みや不思議に目を見張る学びを期待して学校に通い始める。子どもたちの困難と期待に気づく教師は、良質の文化的知と技を育てることが困難を切り拓くことになればと願い、共に生きられる関係を学級や授業の中につくり出したいと願う。

ところが、教師の願いとしては子どもたちの生活や世界を開くことにつながる知と技の教育なのだが、教育の現在のトレンドは「コンピテンシー・ベースの教育」への転換であり、「アクティブ・ラーニング」の推進におかれている。このトレンドがこのところ続いた一方的伝達の教育スタイルを反省してのものかというと、必ずしもそうではない。というのは、そうしたトレンドの言葉が飛び交う一方で、道徳の「教科化」をはじめ教える内容や教材は厳しく統制されたままであり、そればかりか教育活動のスタンダード化が各地で進められ、教育内容や教育方法の統制も深刻となっているからである。

今、授業と学びを生み出すとは、この状況に適応することではなく、それとは違った内容のある時間をつくることである。鍵となるのは、(1)知の世界を探求すること、(2)生活から批判的な学びを立ち上げること、(3)楽しさの追求という三つである。これに加えて教えと学びを下から支える学習集団論の捉え直しに基づいて、新しい学習集団の実践をつくり出すことが鍵なのである。

これからのトレンドの問題点や争点を明らかにし、創造すべき方向を示す。そこで、支配的動向となっているコンピテンシー・ベースの教育とは何か、ならびにアクティブ・ラーニングという教育構想の問題点をみるところから始める。他方で各地に広がっている教育・授業のスタンダード化の問題点を取り上げる。その批判の上に、教えと学びの実践を拓くために、先達の開拓した学習集団という構想を今日的指導論へと接続する観点から検討し、最後に三つの契機を鍵とした次のステージを展望する。

1　コンピテンシー・ベースの教育批判

二〇二〇年代の教育を強く規定する学習指導要領のキーワードは、「コンピテンシー・ベースの教育」への転換である。これに対応した教育活動を教師は日々強要されることになる。その問題点を理解することなしに、第三の道を描くことはできない。

そこでこの転換を主導する中央教育審議会にあって重要な役割を果たしてきた安彦忠彦の理解を取り上げ、基本構想を確認する。また、同じ転換の推進派の理解との違いの検討を通して、コンピテンシー・ベースの教育の問題点を明らかにする。

安彦が座長を務めた文科省の有識者会議「育成すべき資質・能力を踏まえた教育目標・内容

と評価の在り方に関する検討会」は、二〇一四年三月末日に「論点整理」というまとめを行った。その文書に、「育成すべき資質・能力を踏まえた教育目標・内容の構造を考える」方向が示された。（注1）これが日本における政策的な意味での公的なコンピテンシー・ベースの始まりである。それが「教育課程企画特別部会」の論点整理に引き継がれ、コンピテンシー・ベースという教育方針の下、学習指導要領の各教科等の改訂作業が進められることになっていった。

　有識者会議に関する安彦の解説によれば、これまでの学習指導要領は教育目標を明示しているが「内容」中心（これをコンテンツ・ベースと呼ぶ）で、「内容」を身につけることが本来のねらいである「資質・能力」を育てることになっていないという。知識を覚えさせるだけで思考力の形成につながっていないというわけである。これに対して、世界の動向は「キー・コンピテンシー」（注2）や「二一世紀型スキル」（注3）などコンピテンシー・ベースに変化してきていることを強調する。教科内容の記憶よりも、これから重要なのは産業に有用な能力の形成のための教育だというわけである。その特質は「①実社会・実生活に生きる力＝具体的な生活場面で行動に表すことのできる、実際上の遂行能力＝実力　②知識・技能といった心理的な能力のみでなく、社会的な人間関係などを総合的に組み合わせ効果的に活用して、自主的・主体的に課題解決できる力」（注4）であり、「実生活に生きる」「課題解決力」の二つを重視するのが「コンピテンシー・ベース」だとしている。従来のコンテンツ・ベースとこれからのコンピテンシー・ベースを「二一世紀型能力」（注5）で代表させて違いを示すと次表のようになる。

コンテンツ・ベース	コンピテンシー・ベース
教科内容の一覧と系統性から教育を計画する 知識こそ汎用性があると見る	能力構造に対応して教育活動を計画する 能力こそ汎用性があると見る
教育の主目標が文化の伝達・形成 ◉教科固有の知識とスキル （個別の公式や法則、概念等） ◉教科固有のものの見方・考え方	教育の主目標が「能力」の形成 ◉基礎力（言語・数量・情報の各スキル） ◉思考力（問題解決・論理的思考力等） ◉実践力（人間関係形成力等）

そこで、「総合学習」だけでなく、各教科でも実際的な生活問題を取り上げ、知識を総合的に活用し、グループ学習なども組み込んだ授業に変えていくとする。そういう学習に方向付ける学習指導要領にするために、安彦は「目標」を「教育内容」と「資質・能力」に分解して示したものにすると提案している。すでに各教科で一覧表は作成されはじめている。知識と技能を活用させて、コンピテンシーとして具現させるのだとする。この方針は、機械的暗記を批判し、「知っているだけでなく、使えなければならない」程度の主張ではない。教育の目的や教師の専門性に関わる二つの根源的問題がある。

一つは、列挙されるコンピテンシーが偏っていることである。他ならぬ安彦の有識者会議のまとめ批評に問題点を考える手がかりがある。安彦は、コンピテンシー・ベースの観点が「どんな政治体制の国の教育にも通じるような、完全にではないが思想性の薄い、無色透明に近いもので、機能的・技術的・手段的な性格のもの」であって、全体としての人格の形成が正当に位置づけられていないとする。（注6）ここで安彦が想定しているのは、人格と言っているが、国家主義的色づけをすべきだということである。この無色透明という批判に、奈須正裕は「そもそもコンピテンシー概念は、環境との間によりよい関係を取り結ぼうとする人間本来の傾向性に根ざした」ものであり、コンピテンシー・ベースの教育が世界の趨勢と見なして取り合わない。つまり、産業主義という色がすでについており、産業社会の待ったなしの要請だからと無批判な受容を説く(注7)。

安彦も奈須もコンピテンシー・ベースが産業社会のものという点で共通している。「キー・コンピテンシー」はOECDという先進国の産業と生活中心に選択されており、「二一世紀型スキル」はコンピュータ・情報産業中心の社会像というバイアスが強くかかっている。PISAテストの中止を求める国際署名が展開された理由の一つは、PISAテストが教育の一部の側面だけを計測していることであったことからもわかる(注8)。「二一世紀型スキル」に至っては、インテルやマイクロソフトの資金の下に運営されてきたことからわかるように、スキルの内容も情報関連の能力偏重となっている。人間全体を見渡したコンピテンシーではない。平和や人権や芸術的な能力は視野の外にある。だから決して「無色透明」ではなく、現在の産業主義的な偏りを持った構想なのである。

また、安彦が「無色透明」に代わって持ち出す主権者としての「国民形成」という主張は、コンピテンシー・ベースの教育と教育目的・教育目標との関係を考える素材を提供してくれる。ここにこそ二つ目の問題がある。

すなわち、国家主義的な教育と順接するコンピテンシー・ベースの教育となる問題である。すなわち、現下の産業社会的コンピテンシーに保守的・国家主義的な社会像が付いてくるのである。

安彦は、無色透明ではなくて、国民形成と接続するコンピテンシーの教育に組み換えるという主張をする。グローバルな産業主義のコンピテンシーを、主権者としての「国民形成」と結びつけようというわけである。安彦は安倍のようなタカ派の国家主義的な教育政策に賛同はしないが、「自由民主主義社会」の理念との一致を目的に据える。ここで重要なことは、国家主義かグローバリズムかということではない。コンピテンシー・ベースの教育への転換も、いずれかの社会像と結託して進められているということである。「道徳科」でもコンピテンシー・ベースの観点から検討がなされているように、単に、思考力や判断力の養成がめざされているわけではない。このことへの批判的眼差しを欠いた教育では、産業あるいは国家のための人づくりに矮小化され、真実は曇らされ、子どものたちの困難や期待に応える学びとならない。

したがって、国立教育政策研究所がまとめた「二一世紀型能力」が今後しばしば持ち出されることになるであろうが、その枠組のままにとらえるのではなく、子どもの捉え方や世界の事実の側からまなざす必要がある。すなわち、それは本当に「汎用的か？」。「汎用的スキルとは、何にも使えない」という意味ではないか。「教科の本質」や「教科固有の知識」と言うが内容の把握が間違っているのではないか、別の文化世界があるのではないか、と捉えるまなざしが不可欠である。そうしたまなざしを持つ者だけが、コンピテンシー・ベースの教育という動向を戦略的に利用して別の教育をつくりだせる。

2　アクティブ・ラーニングとの向きあい方

コンピテンシー・ベースの教育は、アクティブ・ラーニングと抱き合わせだ。前述したように、「各教科でも実際的な生活問題を取り上げ、知識を総合的に活用し、グループ学習なども組み込んだ授業」がコンピテンシーの形成につながると見なされている。その手法は、アクティブ・ラーニングの事例として紹介される手法と重なる。

私たちの行った調査でもアクティブ・ラーニングの推進に八割から九割の小中高校の教師たちがどちらかと言えば賛同しており、(注9) コンピテンシーとアクティブ・ラーニングがセットになって学校教育の中に広まることは確実だ。学校の日常としては、アクティブ・ラーニングという言葉が教育活動に影響を与えることになる。コンピテンシー・ベースは考え方だが、アクティブ・ラーニングは具体的活動として存在しているからである。

だが、アクティブ・ラーニングとは何か、今日の文脈における意味を確かめておく必要がある。知識も技能も何らかの活動を介してのみ獲得されるというそれだけのことなら何も言わないに等しく、問題にする価値もない。「実際的な生活問題を取り上げ」ることを、生活教育と同じとみてはならない。そうではなく、日本の教育実践に形式主義化の影を落とす議論なのである。

この言葉の解説に参照されることの多い溝上慎一は、アクティブ・ラーニングを「一方向的な知識伝達型講義を聴くという（受動的）学習を乗り越える意味での、あらゆる能動的な学習のこと。能動的な学習には、書く・話す・発表するなどの活動への関与と、そこで生じる認知プロセスの外化を伴う（注10）」と広義に定義している。この定義に従えば、精神的・心理的な意味で「能動的」であればアクティブとなる。ところが溝上もそうなのだが、「書く・話す・発表するなどの活動への関与と、そこで生じる認知プロセスの外化を伴う」学習ならアクティブ・ラーニングと見なしてしまう（注11）。外に向けて発信・表現する形であればアクティブ・ラーニングだと言っているわけである。結局、内的な意識における能動性は問わないことにしてしまうのである。中教審の説明も同じで、学習者の能動性といい始めるが、「調べ学習」・「プロジェクト学習」・「問題解決学習」などの学習の型を並べ、その後に「グループ学習」・「ジグソー法」・「ディベート」などの形式や手法が該当すると説明して終わる。このために、アクティブ・ラーニングは、特定の型や手法のことと理解されるようになっている。

ここに一つ目の問題点が現れる。すなわち、特定の型や特定の活動の形でアクティブかどうかが形式的に定められてしまうのである。特定の手法の採用を強要されたり、反対に従っていればいいと考えたり、拒否していればいいという反応を呼び起こす。アクティブ・ラーニングを特定の型とする考え方は、現実にそぐわない。例えば、映画を私たちは、二時間近くじっと観る。外形的には、一方的に提供される映像や音声情報を一方的に受け取る受動的活動である。しかし、私たちは、優れた作品であれば、その音声や映像に惹きつけられ、意識を集中させ続け精神的にはきわめてアクティブになる。逆の事態も存在する。体を活発に動かしているように見えながら、心ここにあらずの状態の時もある。身体の機械的反応に過ぎないマニュアル化された行動となっていることもある。このように、活動の型や形では、本当にアクティブかどうかは定まらない。

二つ目の問題は、アクティブな活動が一定の慣習的な思想を身体化させることである。外形的な身体的活動は、それぞれの文化的意味を持っている。ディベートが合意ではなく対立の話法であるように、「チームワーク」の作法が強要の団体主義的性格をしばしば持つように、活動のスタイルが思想を方向付け身体化させていく。現代のプレゼンテーションの主流がビジネスマン的話法であることを想定すれば、了解されるであろう。各アクティブ・ラーニングは、その内容とともに、活動自体によって形成してしまう文化性や思想があり、事柄によっては問題を孕むのである。

三つ目の問題は、アクティブ・ラーニングが内容のない学習となる危険を強く持つことである。例示された手法が採用され、学習者の内的意識において闊達であったとしても、文化的水準において低い場合や、真理性を伴わない場合の危険性である。中身のない、形式だけ整ったディベートを想定するとよい。例えば、歴史学習的には意味のない秀吉と家康の性格を論議する活動を想定すればいい。史実も踏まえず、後日談やテレビ番組に影響された虚偽情報を行き交いさせることに歴史学習としての意義はない。こうした批判を意識して「ディープ・アクティブ・ラーニング」などと言いだしているが、それは、一見知識の内容を問題にしているようで、実は、知識の習得のされ方を問題にしているにすぎない。教科内容・教材の定型的把握を強要する枠組であることにおいて変わりがない。

こうして必然的にアクティブ・ラーニングという動向との向きあい方が決まる。定型化された内容の暗記を強要してくる場合にはアクティブ・ラーニングを主張し、多様な学習活動を授業に持ち込む好機と捉える。他方、無内容にアクティブ・ラーニングを強要してくる場合にはその形式主義批判をし、内容研究とセットのアクティブ・ラーニングとなってはじめて意義があると主張することになる。

こうしてみてくると、内容研究とセットで学習活動を考えることが重要となり、冒頭に述べた三つの観点の一つ目の意味がとりわけ重要なことが鮮明となる。

3　授業のスタンダード化に抗して

アクティブ・ラーニングと言われ多様な学習活動が推奨されているのだが、奇妙なことに授業の画一化が全国に広がりつつある。それが「授業のスタンダード化」である。アクティブ・ラーニングの画一化とでも呼ぶ事態がある。多様化のなかの画一化を批判し、これを超える視点を明確にしないで新しい学びの世界は描けない。

授業のスタンダード化は、目標管理という労務管理の教育版の一つである。一九八九年に米国大統領のブッシュが開催した「教育サミット」に始まる。(注12)国家が教育目標や学力水準等の目標を設定し、その達成を各地・各学校等に求めるようになったのである。日本でも「教育振興基本計画」を二〇〇六年に策定することが改訂教基法で定められ、その一部として「スタンダード」を示すことが始まっている。

ＰＤＣＡ（plan-do-check-act）と呼ばれるサイクルが始まると、目標の妥当性や評価の公正性が問題となるが、それを議論するより前に首長や教育長が政治的思惑から学校に目標の達成を強く求めるようになっている。ポピュリズムの政治的な圧力にさらされる教育委員会や学校は、旧来の管理主義的発想と結びついて、授業や学級運営のスタンダード（標準）を設定することで学校と教師を統制し、一定水準の目標を達成したとみせようとする。目標管理の教育システムとそれへの対応が、授業のスタンダード化を引きおこすのである。こうした動向は、北海道から九州まで広く存在しはじめている。地域によって、その内容も取り組み方も異なるが、困難をもたらす頻度が高いのは、こと細かく教育活動を統制するスタンダードを設定した自治体である。

例えば、「岡山型学習指導のスタンダード」の場合、(注13)授業進行のパターン、板書の形式やノートの形式を定め、「正しい姿勢」の座り方、発表の仕方、話の聞き方が例示され、「教員によって指導が異なるのではなく、校内で統一した規律を全ての教員が、徹底することが大切」と同じ教育活動を強く求めている。岡山のように旧い形式的で鍛錬主義的な授業構想ばかりでなく、ＰＩ

ＳＡやコンピテンシー・ベースの授業を意識したタイプ、ＩＣＴに偏ったタイプのものも多い。

これらスタンダード化の基本問題は四つある。一つは、スタンダード以外を認めない標準の規準化にある。標準ではなくて、細部も決めて遵守を求めてくるために、学校や教師の自律的専門性を奪ってしまうのである。二つは、授業の画一化・パターン化が進むことにある。授業の多様さが考慮されず、教える内容や認識形成のプロセスや子どもの状況によって変えるという基本的視点が失われるのである。三つには、ＩＣＴ機器の利用を強く要求する場合、教師の教える活動と子どもの学ぶ活動を拘束し、機械的暗記を誘発しやすく、思考の多様さを制約する。四つには、教師による教育内容・教材研究を励ます視点を欠いていることが多く、パッケージ化された教育活動に落とし込めてしまうのである。

こうしたスタンダード化に対しては、文化性とやわらかさで向き合うことが原則となる。ここで文化性とは、授業づくりに欠落している教科内容研究、教材研究に位置を与え、教科書教材の定型的解釈を越える一歩を踏み出すことである。国家主義の教育や道徳主義はいつも文化を歪めてきた。そこで各教育領域の文化の豊かさをともに学ぶことを志向するわけである。やわらかさとは、教師と子どもの活動を定型化させるスタンダード化を越える契機として、子どもの「わからなさ」「とまどい・逸脱」への応答を基本に授業を柔軟に進めることをさす。規準化された対応に耐えられない子どもの呼びかけに応え、スタンダードに乗れない理由を子らと共に探すように授業をつくるのである。対抗戦略の基本的観点の重要さが浮上してこよう。

4　学習集団論の発展

こう考えてくると、授業における学びの組織をどう位置づけていくのかが問題となる。全生研は学習集団とその授業を開拓してきた。学習集団づくりは、およそ一九六〇年代から学級集団の指導と並んですすめられたが、中学校では大西忠治や前澤泰、小学校では坂本泰造らの授業と学習集団のイメージで七〇・八〇年代に広く展開追求された。九〇年代になると、授業や学びにおける「共同」という言葉が会の内外で使用されるようになる。さらに集団の組織的な指導を意識的に控える授業方式としての「学びの共同体」論が広がる。他方で、学習集団の実践の外形を子どもの管理に悪用する実践が、全生研とは関係なく、学校を挙げて取り組む事態が生まれた。

A：学習権の保障を授業でめざす学習集団論

B：聞き合う学びの共同体論

C：管理主義的・形式主義的な学習集団論

三つが授業における集団や共同の観点からは存在しているのである。子どもの学習権保障という基本的目的を捨て、子どもの管理統制を目的にしているCを論外とすれば、AとBの抱える課題の先に授業と集団、学びと集団の新たな構想を打ち出すことが必要となる。

学習集団研究は、権利としての学習を保障する取り組みとしてはじまり、学習主体の形成に向けて授業づくりの一側面として実践的探求をすすめてきた。この学習集団論と学びの共同体論を検討した久田敏彦は、新しい学習集団論を構想する上で重要な指摘を行っている。久田は、学習集団論の原点としての権利保障という観点の重要さを確認した上で、学習集団論には課題があると指摘する。(注14)「組織論的であれ、関係論的であれ、身体論的であれ、いずれも最終的には同一性に収斂される方向をどう超えるかという課題である」。「身体的な相互応答が、子どもの表情＝身体をみる教師の独我の世界に回収されかねない」、「その教えの有り様を学びの地平からさらに問い返すという課題」を挙げる。いずれも従来の教師の指導性の在り方を子どもの視点から再考することを促している。

学習集団論は子どもたちの間にある違いや複数性に着目してきたが、最終的に集団内にある関係性の矛盾や認識の違いが一つに統一されると想定しているために、教師の想定した認識や一つの学習スタイルへと収斂させることになり、教師の枠組を反省的・批判的に捉え返すことが少なかったと批判しているわけである。学習スタイルの指導や討論を学習集団の指導として行ってきたが、その課題があったために聞く・話すといった学習スタイルの形式主義化を引きおこし、教師の教科内容の捉え方を超える子どもの認識を掴みそこねることがあったというのである。この弱点を超える「批判的な学び方学習」（竹内常一）が提唱されることになったが、(注15)その後は実践的には授業における集団や共同の指導の側面への意識的追求が弱くなった。

そこに佐藤学らの「学びの共同体」論が登場してくることになる。協同学習の一つである「学びの共同体」論は、聞き合うことを原則とするために、教師の枠組の支配から自由となる可能性を持っている。その意味で、先の課題を超える側面を持つ。だが、「学びの共同体」も組織は作られるのだが、共同体の決定を誰がどのように行うのかといった決定の主体がはっきりしない。また、聞き合った内容の真理性がどこで担保されていくのか、これらに関わる教師の教科内容的な指導が曖昧となる傾きがある(注16)。

こうしたそれぞれの課題を超えるためには、まず、経験主義教育批判を通過した後の教育論に存在してきた科学主義、すなわち科学への無批判な信頼を土台とした教科内容研究と、その到達点へと誘導することを指導性と考える見方をやめて、科学や文化を未完で生成過程にあるものとみなし、子どもたちと事実を批判的・生成的に確かめる授業をつくる方向に切り替えていくことが大事となる。学習集団の実践に即して言えば、予定した解へと導く討論や討論による論証ではなく、討論を重要な一部として含みつつ、学ぶ活動に事実の確認の過程を位置づけた構成が重要となる。こうして教師の教えの絶対化を避け、教えだけあるいは学びだけの理論枠組を否定し、科学や文化の成果を学びとして生成的に取り入れるのである。

「生成的に」という意味は二重の意味を持っている。一つは、子どもの今の見方・認識から出発するということであり、もう一つは科学・文化の作法に則りつつ作法を体験するようにという意味である。これがアクティブ・ラーニング批判で述べた観点とも重なる。

もう一つは、授業における組織の問題について、その指導が視点としては必ず必要となる見地に立つが、従来のように授業のすべての時間に恒常的に一定の学習集団を存在させるととらえるのではなく、司会進行も発表も役割として必要なときだけに存在する機能的一時的性格において捉える方向へ大胆に転じることである。常時、学習班の班長と班員がいるというのではなく、それぞれの活動における個人や協働の学習活動に沿いながら組織的・共同的活動も行なうのである。従来、教科ごとの学習リーダーという分化が高学年からの実践に多く見られたが、これも恒常的役割としてではなく授業時間ごとに司会役や発表役として限定的に組織、決定するということである。常在しない学習集団の指導という方向を提起してみたい。こうした役割の分化を、いつからどのようにはじめていくのかは今後の実践的研究課題と考えられるが、起源には機能集団という視点があったとはいえ、学習集団の指導のイメージは変わることになろう。

すなわち、これからの学習集団の指導は、教科内容の生成的活動と対話・討論の結合を授業の前提とし、それぞれの活動の必要から子どもたちの役割・機能を提案しながら進める集団の指導を基本とすることとなる。

5 「教科内容研究」と「生活から学びへ」の往還

このように見てくると、冒頭に書いた(1)知の世界を探求すること、(2)生活から批判的な学びを立ち上げること、(3)楽しさの追求の三つが、対抗軸の基本となる理由が見えてくる。

教科内容・教材の固定的な掴み方がアクティブ・ラーニングや国家主義と手を携えてやってきているのが現在だ。教科書・副読本、ICTとそのプログラムとアクティブ・ラーニング、さらに授業のスタンダード化といった統制手法と共にやってきている。

これを越えていくのは、知の世界を教師が探求することが一つである。文化・知の探求は、固定的な掴み方の不十分さを明るみにだす。また、探求それ自身が、各文化に特有の活動・探求活動を明らかにし、その探求活動が子どもたちの学びの活動の仕方を明らかにする。例えば、「日本の伝統食」を推奨する教育動向があるが、日本食とは何か？　いつから誰が食べていたのか？といったことを、食材の種類と量を時代ごとに調べると一九七〇年代の食事のことであって、伝統でもなんでもないことがわかってくる。こうした調べ方と結論の出し方が、子どもたちの学習活動の仕方を示唆することになる。

こうした方向の授業づくりは、コンピテンシー・ベースの教育論の与えられた教材の範囲内で思考力や抽象的スキルとの対応を考慮して終わりとする限界を具体的に超えていくことになる。具体的内容領域に対応していくことで、形式主義化を回避できるばかりか、今の生きた現実と生活を学びの対象としていく可能性に開かれてもいる。

もう一つの入り口が「生活から学びへ」である。子どもたちの直面する現実と子どもの思いや認識の仕方を契機に、その現実そのものを探求の対象にしていく行き方である。本書収録の実践にそのアプローチがいくつも示されている。その基本は、教師による子どもの生活への着目にある。生活の中から生まれる子どもの疑問や関心に沿った教育活動である。例えば、「花は咲いたけど復興はまだだね」とつぶやく子は、東北の現実の一端を確かに見ている。算数がきらいで「ぼくはちがうわく星に脱出したい」と願う小学生には、勉強をするように迫る先生や家族が見えている。これらの子どもの一言には、学びに値する内容がつまっている。なぜ復興につながらないのか、安全かどうかわからないのになぜ再稼働なのか、算数はなぜわからないのか、やればできるというけれど本当なのか。これらを学びにつなげるのである。こうした現実の学びは、定型化された学習と道徳主義化された学習を軽やかに乗り越えていく。

だから、教師による「知の世界の探求」から始まる場合も、現実の生活から批判的に学びを立ち上げる場合も、どちらも実は文化的世界の探求がその中心をなしている。知から入るときには生活を媒介し、生活から入るときには知の世界を経験することが不可欠となる。どちらであれ、知識や技能を増加させるだけの学習に対して、学習者の生活やものの見方とつながって学びとなるのである。二つの往還を授業と学びづくりの契機として強調しておきたい。

三つ目の契機である「楽しさの追求」は、上記二つにも含まれているが、硬直的で定型化された正解主義的授業に慣らされ、学ぶことを諦めてしまっている子どもたちが多い中で、取り立てて授業に導入する必要がある。遊び的要素を含む知的活動、自然のふしぎなど、「楽しさ」の中にこそ惹きつけられるものがある。これらを媒介に文化世界に誘うことが、それぞれの年齢に応じて必要である。これも実践記録の中に読むことができる。

6 学びに取り組む教師に

こうした学びをはじめる教師には、共通のまなざしがある。

一つは、子どもも教師も困難を抱えて生きていることへの自覚と共感である。教科書や授業スタンダードしか見ていない人には生まれないまなざしである。

二つは、批判的まなざしである。理不尽なことと公正でないことに後からやってくる子どもとマイノリティは出会うものなのである。子どもの発言の中に批判的意味が込められているかもしれないと気がつくまなざしが必要だ。

以上の二つは、教師ならば、見る方向を転換するだけで一歩を踏み出すことができる。しかし、次の一歩は、それだけではできない。

なぜなら三つ目は、文化性だからである。例えば、まどみちおの「ぞうさん」の一連は二人の登場人物の対話なのではないか、冷やかされた子象が言い返しているのではないかという詩をめぐる技法や論議をいくらか知っている必要がある。こうした文化に関する知見が、学びの発展方向に見通しをつけさせる。あらゆる文化に詳しい必要はないが、文化の世界が先に待っていると知っている必要がある。さしあたりその確信があれば、学びをはじめられる。しかし、具体的に歩むためには、自身で文化に触れていかなければその先は開かれない。困難な現実があるが、教師という専門職性は文化的探求と共に更新される。
生活指導的な学びであれ、教科における学びであれ、事実を大切に確かめ、文化や学問の営みに則しながらこれを捉え返し、子どもたちの生活を基点とした学びを学校と教室につくりだすことが、コンピテンシー・ベースのアクティブ・ラーニングやスタンダード化とはちがった、教師の専門性が生かされる道である。このルートこそが、子どもたちの今と未来を文化世界と民主主義的な社会へとつないでいくのである。

【注】

（1）http://www.mext.go.jp/component/b_menu/shingi/toushin/__icsFiles/afieldfile/2014/07/22/1346335_02.pdf

（2）人生の成功や社会の発展に有益な力のうちで、「相互作用的に道具を用いる、異質な集団で交流する、自律的に活動する」の三つをキー・コンピテンシーと呼ぶ。能力に近い概念。ＯＥＣＤのデセコプロジェクトが提唱する概念。ドミニク・Ｓ・ライチェン、ローラ・Ｈ・サルガニク編著『キー・コンピテンシー』（明石書店、二〇〇六年）参照。

（3）二一世紀型スキルとは、情報産業と日米豪等の政府の支援を受けた国際プロジェクトが提唱する能力構想。創造力、批判的思考、情報リテラシー、コミュニケーション、地域と国際社会での市民性など一〇のスキルからなる。Ｐ・グリフィン、Ｂ・マクゴー、Ｅ・ケア編『二一世紀型スキル』（北大路書房、二〇一四年）参照。

（4）安彦忠彦『「コンピテンシー・ベース」を越える授業づくり』（図書文化、二〇一四年）四〇頁。

（5）二一世紀型能力とは、国立教育政策研究所が多くのコンピテンシー論を参照・整理して日本的要素を加味して提唱した能力構想。国立教育政策研究所編『国研ライブラリー　資質・能力［理論編］』（東洋館出版社、二〇一六年）参照。

（6）安彦忠彦、前掲書、六〜七頁。

（7）奈須正裕・江間史明編『教科の本質から迫るコンピテンシー・ベイスの授業づくり』（図書文化、二〇一五年）一二頁以下参照。

（8）http://www.theguardian.com/education/2014/may/06/academics-international-school-league-tables-killing-joy-of-learning

（9）教員の魅力プロジェクト、『教員の仕事と意識に関する調査』二〇一六年、HATOプロジェクト制作。

（10）溝上慎一『アクティブラーニングと教授学習パラダイムの転換』（東信堂、二〇一四年）七頁。

（11）同前書、一一頁。

（12）佐貫浩・世取山洋介編『新自由主義教育改革 - その理論・実態と対抗軸』（大月書店、二〇〇八年）一九〇頁以降参照。

（13）http://www.pref.okayama.jp/uploaded/life/390127_2271835_misc.pdf

（14）久田敏彦「学習集団論からみた『学びの共同体』論の課題」日本教育方法学会編『教育方法四三授業研究と校内研修』（図書文化、二〇一四年）六九〜七〇頁。

（15）竹内常一『学校の条件』（青木書店、一九九四年）参照。

（16）子安潤『リスク社会の授業づくり』（白澤社、二〇一三年）一二六頁。

Ⅱ

生活を学びに、学びを世界づくりに

実践記録

「いろんな人がいる」が当たり前の教室に

原田　真知子（神奈川）

1　イブキのいる教室

五年の後期後半、イブキのいた三組は、ほとんど無秩序状態になっていた。イブキを中心とした男子グループによる教室抜け出し、授業妨害。次から次へと暴力的なできごとが起こり、教室は常に暴言の飛び交う空間になっていた。イブキの担任反抗もすさまじかった。そんな中で萎縮しきった子たちは、「早く五年生が終わりますように」とひたすら耐えていた。元気のいい女子グループは、男子グループと暴言暴力でわたり合い、一方で同一化しようとしていた。そして、グループ内部ではいじめやはずしをくり返し、また教室内外の子どもたちの物を盗んだり破壊したりなどの行動をグループの「秘密の遊戯」としていた。「シークレットキャンディーズ」と、彼女たちは自分たちのグループに命名すらしていた。

学年の多くの子たちが「六年でイブキと同じクラスになること」を恐れていた。「いっしょになったらもう学校には行かない」と言っている子までいた。何度も「心が折れる」ようなできごとに出会ってきている三組の子どもたちの拒否感は特に強かった。新クラスには、三組からは女の子は誰も入れないことにしてあった。そうせざるを得ない、と判断した。

同じクラスになった子どもたちの緊張と覚悟とあきらめ。決して晴れやかとは言えない空気が漂う教室で、これからどんな学びを作りだすことができるのか。

2　どうしちゃったんだろう、この子

イブキは同じことを五分と続けられない。廊下や教室内を歩き回りながら周囲の人や物を簡単に叩いたり蹴ったりする。誰とでもケンカをする。「うるせッ、だまれデブ！」と攻撃的な言葉を大声で言い続ける。誰かが発言しているときに「死にぞこない」などと唐突につぶやく。物を投げる。しゃべることの八割程度は嘘。ムチャで危険な行動をする。校庭で爆竹を鳴らす、給食のワゴンに乗って廊下を疾走する、四階の教室の窓から物を落とす、公園で火遊び…などなど。保護者が大勢授業参観している低学年の教室（二階）に、窓から入って黒板前を横断し、廊下へ

出て行ったこともあった。

注意されると汚い言葉で言い返すかにやにやするかなので、学校には地域の人からの苦情の電話が何度もかかってくる。駅で知らないおばさんの怒りを買い、殴られたこともあった。

非行傾向のある中学生・高校生・無職少年などに顔が広く、放課後もケンカやもめごとが絶えない。「遊んで」と高校生たちに声をかけ、「ただではダメ」と言われると「じゃあうちのクラスの◯◯とセックスさせてやる」と言ったこともあった。

大暴れの男の子には、何度も出会ってきた。その中でもとびっきりだなと、私は緊張しながらイブキを見つめていた。「どうしちゃったんだろう、この子」と、よく動く不思議な生き物をじっと観察しているような心境だった。

3 頼むぞダイキ、そして「イブキ対策本部」

さて、どこから始めたものか。まず会話の糸口を見つけよう。

イブキは人前で自己紹介なんてするわけがない（そんなことしなくてもみんなイブキのことをよーく知っていたが）と思ったので、名前を使った「あいうえお作文」を書かせることにした。『ふじたいぶき』で自分のことを紹介するんだよ」「はっ、なんだそりゃ」「ふ、ふ、ふ…なんか思いつかない？」「フリーザ」「何それ」「えーッ、フリーザ知らないのー！　だっさー」「教えて教えて」「しょうがない、教えてやるか」…穏やかな会話ができた。

ふりーざがすき
じまんはかけっこがはやいこと
たれめとかいわれる
いつもけがをしている
ぶすはきらい
きっとことしはいい子になる
　　ふじたいぶきです

無理やり言わせて私が書く。それを見ながら画用紙にイブキが書く。そのくり返し。最後の一行には驚いた。もちろん私が言ったのだが、黙ってそのまま書いた。のぞきこんでいた周囲の子どもたちの中から「ホントかよ」とつっこんだのはダイキだった。こんな時につっこめるのはダイキだけだ。「冗談に決まってるだろ」とイブキは笑った。それでも私は、イブキの心の中の声をほんの少し聞いたような気がしていた。

ダイキは五年の時も私のクラスだった。サッカー少年で、足の速さはイブキに次ぐ。三年で新任の教師のクラスで荒れ、四年では「人に当たらず物に当たる」ところまで成長した、とは本人と周りの子の弁。五年では、クラスの陽気なムードメーカーとなっていた。

「先生、お母さんなかなか信じてくれないんだよ。ちゃんと『乱暴なことは全然してない』って言ってよ」

と個人面談の前にダイキは言い募った。個人面談で、「本当だったんですね…」と母は泣いた。兄の家庭内暴力、姉の反抗、夫・姑と母との不和、離婚に向けての準備など、家が大変なとき、ダイキは母の希望となった。

五年の終わり、それまでイブキといっしょに悪さをくり返してきた同級生の男の子たちが「もうイブキとは関わりたくない」と言って一斉に去って行った。ひとりぼっちになったイブキはしばらく学校を休んだ。「こうなったのは担任のせい」と父は担任を責めたが、去って行った男の子たちがふたたびイブキのもとに戻ることはなかった。彼らにとっては、長きにわたるイブキの支配からようやく抜け出せたということでもあったのだから。

その頃、

「もしイブキと同じクラスになったら、ダイキはどうなるかなぁ」

とかまをかけると、ダイキは

「オレは平気。つられないし、ちゃんと言えるし」

と言っていた。

「友だちになれる?」

「なれるよ。オレ、今でも放課後イブキと遊ぶことあるもん」とも。

頼むぞダイキ…そんな思いでいっしょのクラスにした。つられないことはないだろうな、とも読んではいたが。つられるくらいでないと友だちになんてなれるわけがない。

イブキを恐れずにモノが言える男の子は、ダイキとショウだけ。他に男子二人が親同士が知っている仲ということもあり、いっしょに遊ぶことができる。保育園でいっしょだったというサエやホナミなど外遊び大好きの元気な女の子たちもイブキと会話ができる。その彼らにしても「あもう、イブキ学校休んでくれないかな」とつぶやくことはあったが。

そんな彼らが当初の「イブキ対策本部」の中心メンバーとなる。もちろんそんな命名をした訳ではない。私が勝手に心に決めた「本部」だ。私は彼らのつぶやきに、

「ホントだよね。全然休まないもんね。まいっちゃうよね」

と心から賛同しつつ、「どうしちゃったんだろう、この子」という問いを共有してもらうべく、彼らとの対話を続けた。

小さい頃のことや学校に上がってからのこと、地域で、野球部で、家族といるとき…など私には見えないイブキの様子をたくさん聞いた。そこから「方針」が立ち上がってくるのだ。

4 学校の「いらない子」

「一年の最初の頃は『ママーッ！』って泣いて、お母さんから離れなかったんだよ」
「でもすぐにやりたい放題になった」
「それからずーっと、悪ガキだよね。先生に怒られまくり。三年のときはよく金子先生と戦ってたよ。先生に蹴られてやり返したりして」

イブキに対する学校のまなざしは厳しかった。悪さは止まらず、叱ると実に憎々しげな反応をするので、「やんちゃ坊主」から「反抗的な子」「やっかいな子」となり、やがて教師たちの対応は「より激しく叱責する」「親の問題にする」の時期を経て「見て見ぬふり」になっていった。目をそむけられるようになったイブキは、肩を聳《そび》やかし、あたりを睥睨《へいげい》し、時ににやにや笑い、物や人に蹴りやパンチを入れながら歩き回った。ますますそうするしかなかったのだな、と「対策本部」の子どもたちと話しながら気づくことができた。

学校には、イブキの三年のときの担任のように、廊下の端から端まで響き渡るほどの大声で怒鳴る男の教師（男だけではない）が何人もいたが、彼らもイブキだけは避けて通った。イブキと父（やんちゃがそのまま大人になったようなところのある人）と怒鳴る教師たちには共通するものがある、と私は見ていた。それは彼らが「こういうこと」だと無意識のうちにみなし、相手に求め、求められていると思いこんでいる「男性性」の問題だ。こういう場合、同病は相哀れんだりしない。支配へのレースをどちらも下りないだけだ。担任している子に対しては支配を競って戦い、私が担任しているイブキのことは、見ないふりだ。

イブキは明らかに混乱していた。「ガキ大将」と「坊や」が心理的に混在するのは男一般にありがちなことだろうが、彼の中ではあまりにもそれらがめまぐるしく入れ替わり、激しく表出する。身も心もまったくもって未熟なまま「男性性」の幻影に振り回されているように見える。しかも抑えられない衝動性を抱えている。そう思うと、混乱したまままとりあえず支配の側であろうとする言葉、態度、歩き方や筋肉質の体まで、何だか痛々しく思えてきた。

幼児期をやり直させたい。私はやがてそんな風に考えるようになった。

5　「ママのイブキ」から始めよう

「どうしちゃったんだろう」の答えは簡単には見つからなかったが、待ってはいられなかった。受け持つと同時にさまざまな試みをした。「わからないこと」「知らないこと」があまりにも多いことに気づき、ひとつひとつカードに書いて、その訳も説明した。

「授業中に黙って教室の外に出ない」（心配だから）「給食のワゴンには乗らない」（イブキも周りの子もケガをしてしまうかもしれないから）「ランドセルをロッカーの上に投げて乗せない」（近く

の子に当たると痛いし、大事なランドセルが傷むから）

きりがない。きりがないけど、やるしかなかった。廊下に置いてある「右側を静かに歩きましょう」と書いたキャスターつきの看板に乗ってすべっていたイブキに、「そういうのには乗らないってこの前教えたでしょ」と言うと、「えっ、それって給食のワゴンのことでしょ」と真顔で答える。そうか。そういうことか。と、またカードを書き、いっしょに読み上げ、ノートに貼る。カードには日付も入れる。時々ノートをめくっては、「四月一六日まではできなかったんだね、これ。できるようになったよねぇ」などと確認しつつ祝福した。そう、ランドセルは投げなくなったのだ。ほかの物は投げるが。

もちろん「よいこと」もたくさん書いた。そして、母にメールで伝えた。宿題も、できそうなことはメールで伝えた。「はい、がんばってやらせます！」と返事が届く。（イブキの母は、「今年こそは」との強い願いをもって、「何でも知らせてください」と言っていた）翌日、「イブキが宿題をやってくるなんて…」と大げさに喜ぶと、「先生、またママにメールしといて」と言う。

この頃からだ。この子自身も「幼児化」することを求めていると理解し、たっぷりそうさせようと思い始めたのは。イブキのいる前で母と携帯で話して「仲良し」をアピールした。

「ママってかけっこ速かったんだってね。イブキはママ似なんだなぁ」

「それ、ママが選んでくれた服でしょう」

「昨日、ママと会ったよ。いいこと聞いちゃった」

と、ママの話をたくさんした。

しばらくして調理実習の用意を忘れて母が届けにきた日、帰って行く母の背中に「ママー、サンキュッ！」とイブキが叫ぶのを聞いた子どもたちは、目を丸くした。それは、イブキがクラスの子どもたちにも「ママのイブキ」を公開し、イブキ像を大きく変える記念すべき日になった。

6　イブキをはずさない

もちろんトラブルはたくさん起きていた。音楽室のガラスを割ったし、バイオリンも土器のレプリカもこわした。理科室のビーカーも投げて割った。攻撃されて傷ついた子も何人もいる。そうじや給食当番は相変わらずまったくしない。授業で自分の席に座っていられるのは、数分。歩き回りもちょっかいも爆睡もあり。

グループで回る鎌倉見学はさんざんだった。「イブキを同じグループにすること」の大変さを十分にわかっていたサエやショウたちだったが、電車で大声を出したり走り回ったりして知らない大人に怒られたり、突然山道を走り出してしまうイブキが投げ出した荷物を背負って歩いたり、とりわけ「名所」で論外な行為をしようとするのを止めたりすることに、疲れ果てていた。

「社会見学でこんな大変な試練を抱えるなんて…なかなかないことだよね、先生」

と、それでもサエは「がんばった自分」にも、「イブキと切れずに最後まで回れたこと」にも、満足しているようだった。

そう、イブキをはずさない、支配関係ではない友だち関係をつくる、そうして言いたいことを言い合えるようになる、それらが「対策本部」の課題だった。それしかない、と何度も確認していたから。イブキの混乱がおさまらない限り、自分たちの日々も悲惨なのだ。

ダイキとホナミを中心に、イブキが参加する放課後の遊びグループも活発化していた。音楽室のガラスを割ったのは、そこで遊んでいるときだった。ダイキは「イブキやべえよ。オレ止められないかも」と言った。

「誰も止められないんだから、いいんだよ。ガラスのことは気にすることない。親子で謝りに来て、イブキにとってはいい経験だったよ」

と話した。それより「今年は（先生に）面倒かけられねぇんだ」と母に話しているというダイキの心意気とイブキへのアプローチに、私は敬意を抱いていたし、励まされてもいた。

7 川田先生との出会い

イブキへの対応は難しいのではないかと懸念もあったが、それは様子を見てから決めようと、学生ボランティアの援助を要請していた。六月に入って、ＮＰＯからの派遣の学生に、週に二時間教室に入ってもらうことにした。大学一年の男子学生がやってきた。さっそくイブキから強烈な「あっち行け」攻撃を受けているが、にこにこしている。「なんでよぉ～」と言いながら、それでも関わろうとしている。イブキの表情が微かに変化する。「行ける」と思った。紆余曲折はあったが、イブキはその学生、川田先生になついた。教室で「アパルトヘイト」について学んでいる時、「難しすぎるだろ。ふざけんな！」と騒ぎ始めたイブキに、「ごめんね」と言いながら書き写しの課題を出した。

「教室の向かいの個別学習室で川田先生といっしょにやっておいで。一ページ終わったら好きなことしていいよ」と。しばらくして個別学習室をのぞくと、ホワイトボードに何やら書いてある。

「何してたの？」

「あのね、川田先生ってピアノ弾けるんだって」

「川田先生のママね、病気なんだって」

ホワイトボードに書いてあったのは二人の家族の名前だった。二人はそこで互いに「自分語り」をしていたらしい。川田先生は、自ら語りイブキの言葉を聞き出していたのだ。そうか…と、学ばされた。

「今日、オレの班で給食食べてよ」

とイブキが言うと、

「今日は三年の教室で食べる」

と川田先生はにべもない。

「休み時間、遊んで」

「ごめん、原田先生と話したいことがあるんだ」

「…お前なんか大っきらいだよッ！」

どんなに愛されちゃっても侵入はさせない、そんな川田先生の姿勢にも感心させられた。服従を求めて恫喝したりしない、ボスと子分にも、その逆にもならない、友だち風情でいながらいきなり怒鳴ったりもしない。「男性性に疑いを持たない男」ではない大人の男に、イブキは初めて出会うことができたのかもしれなかった。

8　いろんな人がいる　その1

「いろんな人がいる」という授業（総合、道徳、学活、国語、社会などの時間を使った）は、早くからシリーズでやっていた。イブキを恐れ、「理解できない」という思いを抱えておびえている多くの子どもたちに、「イブキのような子」について知ってほしかったし、イブキにも、「人はいろいろだ」ということに気づいてほしかった。何より、差別や排除によって人権がおびやかされている人たちがたくさんいること、その社会の仕組み、課題と「乗り越えるために必要なことは何か」を共に学んでいきたかった。

イブキは、難解な言葉が頻繁に出てくるような学習は大声を出すことで拒否するのだが（だから「アパルトヘイト」も拒否したし、国語も社会も「難しい言葉」が出てくるとたんに教室を出ていった）、このシリーズには興味を持っていた。

ＡＤＨＤについて、ＮＨＫの番組を録画したものをみんなで見たときには、教室の前の方に陣取り、一五分の番組をずっと見ていることができた。見終わった後、番組で紹介されていたＡＤＨＤの特徴を並べた項目について、

「先生、オレ、三つぐらいは違かった」

と彼なりの言葉で反応していた。

「えー、だいたいあてはまってたじゃん」

「お前だって合ってただろ」

「オレは三つぐらいね」

と、ダイキと言い合ったりもしていた。そこで、

「私だって、これは自分のことだなぁと思う項目がいくつもあったよ」

と話し、

「グラデーションがあるに過ぎない。障害かどうかなんて分けることに意味はないんだ」

という話も、彼らに分かる言葉でつけ加えた。

イブキは、少年兵や貧困にあえぐ子どもたちの姿を描いたオムニバス映画「それでも生きる子

供たちへ」が大好きで、教室にあるDVDを持って来て「これ見ようよ」と何度も言っていた。

他にも、知的障害を持つ人たちの仕事ぶり、全盲ろうの夫婦の暮らし、難聴の野球選手を取り上げた「静寂のマウンド」、学区にある障害のある人を多く雇い入れている会社を取り上げたテレビ番組など、映像を見て感想を語り合ったり討論したりする機会をたくさん作った。

イブキもいつもそこにいた。感想は書かないし、誰かが意見を言っている時に「は？　なに言ってんの？」とちゃかすように言うこともあったが。書かないのは「書けない」からだし、「なに言ってんの？」は、本当に分からないから聞いているのだ、ということに、私たちは少しずつ気づいていった。そして、そこにイブキが「いる」ということに意味があるのだと考えるようになった。

九月、「あなたのコンプレックスは何？」という問いから新たな学習をスタートした。イブキは「べんきょうができない」と書いた。その後、病気で片足を失った青年が車椅子テニスの選手として生き生きと活躍する映像を見て、子どもたちは「コンプレックス」を乗り越えた人の強さを知った。でも、「私には無理かもしれない」という感想もいくつかあった。

続きは授業参観で行った。「いろんな人がいる」のタイトルのあと、大型画面に映し出したのは、タレントの椿姫彩菜さん。「この人のコンプレックスは何だろう？」と問いかけると、「背が高すぎる」「病気がある」など多様な推測が返ってきた。続いて中村中さんの写真を見せ、中村さんの歌「友だちの詩」を流す。この人を知っていますか。「知っている」「歌を聴いたことがある」という子が数人いた。次に、はるな愛さんの写真を見せる。みんな知っている。テレビ番組でマラソンを走った直後の頃だった。「あっ、大西賢治（はるな愛の本名）だ」の声が上がり、笑いが広がる。

「この人たちの共通点は何だろう？」と問いかけると、子どもたちの多くははっとしたようになる。

「えっ、先生、もう一回さっきの人の写真見せて」

「中村中って男？　うそ…」

という声も。

三人三様の「いじめられ」や「家族からの拒絶」「居場所がないことの苦しさ」の体験を、それぞれの手記やテレビ番組での発言から紹介する。自分のことを、椿姫さんは「ゆうちゃん」、はるなさんは「けんちゃん」と言っていたことも伝えた。

「誰にだってコンプレックスはあるよね。たまたま、私のコンプレックスは『男』の身体をしている、ということだった。コンプレックスは、大切な『個性』にもなり得るということに、私は気づいた。だから、コンプレックスを磨いて『個性』になった時、それが一番その人を輝かせてくれるんだと、私自身、実感している」

という椿姫彩菜さんの言葉を最後に紹介した。

◉オレとかボクとか言いたくなかったんだと思う。

◉ただ他の人とちがうだけで、それに自分の考えや気持ちは自由なのに、なぜいじめるのか。

◉自分のクラスにいたら、助けてあげたい。

◉わたしはいじめられることがこわくて何もできないと思う。

◉ぼくはちょっと気持ち悪いと思っちゃうかもしれない。でも人に自分の気持ちはあやつられたくない。

◉体は男だけど気持ちは女ならそれでいいと思う。それをからかう人はサイテーだ。

◉コンプレックスは個性だとわかった。背が低いなんてべつに気にしなくていいんだと思った。

◉こんなに苦しい思いをしていたなんて知らなかった。事実を知らないからいじめが起こる。もっと知らせていくべきだ。

◉私たちが好きにしたりできるように、自分の好きなように生きてほしい。


子どもたちの感想交流が続く間、イブキは、ずっと座ってきょろきょろしていた。

その後、オリンピックに出場した南アフリカ共和国のキャスター・セメンヤ選手が出会った困難を紹介し、子どもたちは「性の境界線のあいまいさ」についても知った。教室には「ＩＳ」というタイトルの漫画（六花チヨ『ＩＳ―男でも女でもない性』　ＩＳはインターセクシャルの略。男か女かといった「性」を定めず、ＩＳとして生きて行こうとする者の成長とその周囲を描いた作品）を置いた。多くの子どもたちが熱心にこれを読んでいた。

これらの授業でイブキが何を学んでいるのか。イブキ自身はそれを言葉にすることができない。

でも、未熟なまま「男」として無理やりにかたどられてきたイブキが、少しずつその型枠をはずしつつあることを、私は実感していた。同時に、クラスの子どもたちにとってイブキも「いろんな人」の中の一人になりつつあることも。

たくさんの学びや周囲の子たちからの「イブキをはずさない」働きかけを経て、イブキは次第に肩を聳やかさずとも廊下を歩くことができるようになった。それればかりか、甘えた声も出すようになってきた。

「午後から出張だから、あとよろしく」と言うと、

「えっ、やだぁ〜！　先生、行かないで。オレも連れてって〜」

と叫ぶイブキは、幼児期からの「やり直し」を続けているかのようだった。

9　いろんな人がいる　その2

こうして、子どもたちは世界の子どもたちが直面している現実や、いろいろな立場、境遇の人たちがいることを知り、その中には人権が十分に守られていないケース、差別や排除を受けて苦しんでいる人たちがいることを知った。

そして、今まで見てきた例も含めて、さらにほかにもそういうケースはないだろうか、と広げて考えるように投げかけてみた。

障害をもつ人・在日外国人・ホームレスの人・男性、女性（性に関わること）・アイヌの人たち・学歴・貧富・見た目（容ぼう）・病気の人・被差別部落の人……たくさん出てきた。さらに、自分がした、された、または目撃した「人権侵害」についても思い出してみることで、それは「ひとごと」ではないということに、私と子どもたちは気づいていった。

「メディアによる人権侵害もあるのではないか」という声に、多くの子どもたちが答えた。

◉テレビのバラエティー番組で、「しんすけ」が女芸人に向かって、デブとかブスとか言って笑っていた。

◉テレビで、「この人はくずだなと思う人はだれですか」と聞いていた人がいた。

◉性同一性障害の人に、「お前、男なんだから女のかっこうするな！」と言っている人がいた。

◉福田元首相の『あなたとは違うんです』発言に腹が立った。（二〇〇八年九月の総理大臣辞任会見時に、記者が「総理の会見はいつも他人事のように聞こえる」と言ったことに対して、「まぁ、ひとごとのようにという風にとあなたはおっしゃったけどもね。私は自分自身を客観的に見る事はできるんです。あなたとは違うんです」と答えた。）

◉「デブだしブスだからあんなことしなくちゃいけないけど、君みたいなきれいな人は、やっちゃいけないんだよ」と言ってた。これも「しんすけ」。

毎日の「朝の会」には、日直がニュースを取り上げて記録してきて、それを発表する「クローズアップ・ザ・ニュース」というコーナーがあった。

ＢＢＣのクイズ番組が、二重被ばくした山口さんのことを取り上げ、「運の悪い男」とちゃかすような紹介をした、というニュースが紹介された時、子どもたちは「怒り」を共有した。この頃になるとイブキも短い感想を書くようになっていた。

◉げんばくのひがいを二どもたいけんしてて、その人をばかにするのはひどいなとおもいました。

サエからは「自分たちも似たようなことをしていないだろうか」という問いも出された。

◉ニュースを見ていて、中国のことをばかにしている、と思うことがある。

◉それをおもしろがって見ている人も多い。

この学びのシリーズは、「人権を守るために活動している人たち」についても、たくさん取り上げていった。

10　いろんな人がいる　その3

一二月、「ホームレスという言葉を聞いたことがありますか」という問いかけから新たな学びを始めた。

子どもたちがワークシートに書き込む形で答える質問項目は、五つ。

「ホームレスという言葉を聞いたことがありますか」……これは全員「ある」という答え。

「ホームレスとはどういう意味だと思いますか」……「家がない人」「貧しい人」「働かない人」など。

「ホームレスの人と会ったことがありますか」……三三人中二四人が「あります」。

「町でホームレスの人に会ったらどうしますか」……「逃げる」「無視する」「近くの大人に言う」など。

「ホームレスの人のことをどう思いますか」……多くが「こわい」「不潔なイメージ」「びんぼう」「かわいそう」など。中に「やさしい人もいると思う」という子も。

こんな辛辣なことを書いている子もいた。

◉よく多摩川とか二ヶ領でみかけると、いっつもねていて、もしかしたら、なりたくてなってる人もいるんじゃないかといつも思う。犬と散歩をしていたら、ホームレスの人に「その犬、ペットショップに売ったらいくらになる?」って言われたことがあって、そんなに金ないのかと思った。

全員の回答を匿名で（番号をつけて）まとめ、印刷して配る。番号を一覧表にした紙も配り、それぞれの番号の意見に対して、「共感」「反論」「よくわからない」「みんなで考えたい」などの印をつけ、質問や意見も書きこみ、話し合う。

◉「働かないからお金がないんだと思う」

◉「働かないんじゃなくて、働けないんじゃないか」

◉「家族はいるんじゃないか？」
◉「いる人も、いない人もいるでしょう。でもいない人が多いと思う」
◉「私も、〇番の人と同じで、こわいと思う」
◉「そんなふうに決めつけるのはひどいと思う」
◉「ぼくも、やさしい人もいると思う」
◉「特別な事情があるんじゃないか」
◉「つい自分より下に見てしまう」
◉「見た目で考えるのはおかしい」

たくさんの意見が交わされ、その中で「自分たちはホームレスの人のことをよく知らないのではないか」という意見も出された。

そこで、「『ホームレス』と出会う子どもたち」（「ホームレス問題の授業づくり全国ネット」製作）というDVDを一緒に視聴した。

「子ども夜まわり」の様子、参加する子どもたちの変化、ホームレス生活を送る人の仕事や生活、その思いに迫るDVDである。

◉ホームレスの人はとても孤独だと思う。色々な人から嫌なことを言われたり、暴力をふるわれたりして。そんな中で、夜回りをする子どもがやさしく楽しそうに接してくれる。ホームレスの人は、子ども達と語っている時は、みんな笑顔だった。ホームレスの人は、ぼく達が挑発的な態度でいるから恐い顔をしているんだなと思った。

◉ホームレスの人でもふつうに働いてる人よりものすごく仕事を頑張ってるように見えた。笑ってる人もいた。みんな笑えないのかと思ってた。全然こわくなかった。テレビを見るまえは、こわそーと思ってたけど、いんしょうがかわった。子どもにおにぎりとかみそしるとかもらったら、すごいうれしいと思う。

さらに、「今日、ホームレスになった」という本の一部を読み聞かせ、「ホームレスが被害者になった事件」の記録をまとめたものを印刷して配った。

教室は緊張が走り、子どもたちの認識が、見方が、考え方が少しずつ変わっていくのがわかった。

◉先生の話を聞いたりして思った。自分もいつホームレスになってもおかしくないということを。ヘッドハンティングをされるような人もホームレスに。この授業をやる前は、ホームレスの人にとてもひどいことを書いたり言ったりしていた。でもこの授業をやってから、ホームレスの人の見方が変わった。

◉初めは、ホームレスの人はきたないとか、いやだとか思っていたけど、みんなで色々な意見を言ったりDVDを見たりして、自分が気づかないうちに憲法に反していたのだと気づきました。このように、日本では法の下に平等なはずなのに、仕事の立場や今回のホームレスの件などで守られていないので、絶対に守り、不幸な人が一人もいないようにしたいです。

ところで、「ホームレスの人のことをどう思いますか」という質問に、多くの子たちがメディアからの情報をもとにイメージしたこと、たまたま出会った時の（先入観に基く）恐怖体験などをつづっていた中で、イブキの書いたものだけが異質だった。

「耳がとおい。いろんなはなしをしてくれる。オレたちがつくったひみつきちに、すんでいた」

すべて匿名であるにもかかわらず、「これはイブキだな」と誰もがすぐに思った。「あっ、これはオレ」とイブキも言う。

「イブキはホームレスの人と話したことがあるんだ」

「そりゃ、あるよ。だって秘密基地に住んでたんだもん」「どんな話したの？」

「よくわかんね。おぼえてないっつうか。でもなんかいろんな話してくれるよ、あのおじさん」

イブキにとってのみ、「ホームレスの人」はイメージではなく「あのおじさん」だった。そして、この学びを通して、実は子どもたちは「イブキの見解」に少しずつ近づいていっていたのだ。

いろんな人がいるからこそ、学びは広まり、深まる。広まり、深まるとは、「いろんな人」がおかされてはならない権利をもって、そこに「いる」という事実に迫ることでもある。「いろんな人」の一人として、「いろんな人」とともにどう生きていくのか、これからも子どもたちとともに学んでいきたい。

実践記録

生活から学び、学びを通して生活を創造する

――子どもたちとともにあたりまえの生活を創造する

中野　譲（佐賀）

1　四月当初の子ども達の姿

二クラス八一名の五年生。私のクラスにはＡＤＨＤ的な子、アスペルガーと診断された子、その他にも気になる子が複数在籍している。子どもの実態は、体を動かすことが好きで喜怒哀楽が激しい子が多い。常に何らかのトラブルが起き、自分の感情のいら立ちを激しく物にぶつけてみたり、時として友達にもぶつけたりするので目を離すことができない。当然、職員室に戻る時間はほとんどない。ものを壊す、ものを盗る、好きなことはするが嫌なことやめんどうなことは敬遠する。考え方が幼稚で自己中心的な子が多いので、おりあいがつけられず『ため口言葉』の応

酬で問題を大きくしてしまう子どもの姿がある。話をしっかり聞けない子も多い。ルールを守ろうとする意識も希薄であり、考えられないことを平気で行うこともある。話をしていても何がいけないのかを感じていないこともたびたび。三年生の時に授業崩壊。二年生で三クラスだったのが三年になって二クラスになったことも起因して授業中にロッカーの上には乗る、逃げ出す、騒ぎ出すといった光景が多々見られたそうだ。それは四年生になっても続いた。だから、五年の担任決めの時は校長から「この学年を是非ひきうけてくれ」と一年目の私に懇願された。

私が四月五年担任になって初めてクラスに入った時は、壁際の席にいて腕をイスの背もたれに回してイスになななめにすわり妙に冷めた顔をして話を聞くしゅうがまず目についた。そのしゅうが給食当番になった時、やるせない表情でたらたらと汁をこぼしながらおかずを食器についでいたので、「ほらこぼれているよ」と言うと「ちぇっ、なんか。もうせん。」と言って投げ出し活動場所を離れて行ったことがあった。呼びかけても戻ろうとせずにかったるそうに自分の席に着く姿を見て唖然とした。

また時には、ＡＤＨＤ的な子がキッときれてあっという間に殴り倒し、ある子を足蹴りにする場面にも遭遇した。遊びの約束をし、行ってみると自分の気に入った子は家に上げて、自分らはあげてくれなかった以前のことを急に思いだしてそういう事態になった。これは目を離せないなと痛感する。

給食時間、よし子がおかわりをお願いしたので私がついでいると、「私もういやー」と叫んで急に荒れ始め、味噌汁の入ったおわんを私にぶちまけた。「どうした?」と聴くと「あーもー。くそ」とステ台詞を吐いたかと思うとわんわん泣きだして教卓の中にもぐりこみ、固まってなかなか出ようとしなかった。今いくらいっても話は入らないなとしばらくそっと様子を見るということもあった。

帰り際、校門を出ると大きな声がする。すると私のクラスの女の子が同じクラスの子を自転車で「くっそー、てめーぶっころすぞ!」と言いながら追いかけている場面にも遭遇する。

アスペルガーの子は授業中に間違った子を鼻で笑い、「そんなこともわからないんですか」と言うものだから、教室には冷たい空気が流れ一触即発のムードが漂う。学級はこの子たちの強烈女子軍団と友達の取り合いでひっついたり離れたりしているもう一つの女子集団、そして特別支援に通級している女子を中心とした二人組みに分かれていた。一方男子は落ち着きのない多動な子が多く、その中にハンディを持った子も数人いて、集団としてはばらばらな様子であった。まずは影響力大のこの女子集団をどうにかしないと学級はたちゆかないなと考えた。

2　子どもたちと信頼関係を結ぶ

こういう子らにどうすればいいのかと考えていたある日、このクラスのもさ女子連合の五人が私のところにやってきた。「先生。うちのねえちゃん野球しよるとばい。先生はあのN校の野球のコーチしよるとやろ。うちらにも教えてばい」。こういうものだから「明日の放課後から三〇分くらいはつきあってもいいぞ」と言うと、うれしそうに帰って行った。

次の日、本当にグローブを持ってきた。しばらくキャッチボールをして休憩をしているときに、「先生うちらをたのむばい」と言ってきたので、「みんなはこの一年をどうしようと思ってると？」と尋ねると、「・・・・」。「まあいいや。だけど先生は担任になったからにはいやーな学級にだけはしたくない。それはそうやろ。だからまずは協力してくれない？」と頼むと「まかせとってばい」という返事。

それからも放課後キャッチボールは続いたが、終わってからのダベリング（おしゃべり）が面白いらしく最後はダベリの会に変身していく。というより、この子たちは私を試したのではないかと思われた。本当につきあってくれるのかを。彼女たちは要求に応じる私の姿をみながらいろんなことを相談するようになっていく。そしてそれは、この子たちとの毎日の交換日記、相談会へと発展していった。交換日記の内容はすさまじかった。毎日のように自分を吐露する内容が一、二ページも続いた。それをまずは理解するというスタンスで臨んだ。この中には給食時間に荒れたよし子や、死ねーと言って自転車で追いかけていたあき子も含まれていた。相談会や話し合いは当初は一五分休み、昼休み、放課後と一日あわせて五セットくらい組みながら徹底的に対話した。そこには家族の問題、友人関係、小学校低学年くらいからのわだかまり、荒れたころの話などが語られた。

ここでの対話の原則、子どもと最初に合意をとったのは①話を整理したりアドバイスはするが先生はどちらの味方もしないこと②時間がきたら途中でもきりあげること③どうするかの行動の判断は君たちがとることの三点。私は徹底的に聞き役に回った。

話を切り出したのは先に「てめーぶっころすぞ」と叫んでいたあき子。「私は小二の時に福岡から転校してきた。その時にいじめられた。その時の気持ちをずっとひきずっている。いじめたのはあんたたち。まあ私も引かんかったけど。母子家庭の子のくせになんて言いよるとかと思った。」「ほら、そんなあんたのモノのいい方がみんなかちんときてたんだって。」「好き好んでそうなったわけじゃないだろ。わかってる？　そこんところ。」「あき子も家庭のこといろいろ言われるのいやだろ？」「いいや。うちんち、学校でいろいろあるとすぐに文句言うパパがいるからね。お姉ちゃんが六年の時も担任の先生にばかすか言ってるの聞いたもん。だから言ってるのパパが聞いたらただじゃすまないみたいな」「そういう問題じゃないだろ。いやそのパパのようにあんたに腹を立てる気持ちが私たちにあるって言うこと」「あーねー」「本当は私もパパのやることおかしいと思ってるんだけど。・・・」

こんな感じでお互いが言いあい、時には分裂、時にはわだかまりが解けて素直に謝る会になったり、時間切れで家でも考えてくることになったり、違う問題があばかれたりした。たまってるなーと感じる。

そのうちにもう一つの女子グループも話をするようになっていく。

一方男子については、特別な支援が必要な子をどう学級の中に位置づけるのかという課題があった。家庭との密な連絡と課題・方向性の共通確認、何かあった時の学校体制の確立（HELPの要請）、医療機関との連携をはじめ、授業形態や授業内容の工夫に取り組んだ。学級は学習に向かえない子が複数いたり、落ちついて話を聞けない子も存在した。学校の多くの時間を授業は占める。だからこそ、授業づくりの方針はかなり重要だ。たくさんの自分の思いを吐き出すように喋ってくるようになった女子、体を使った活動では集中力を発揮する全体の傾向。このクラスの子が通ると空気が熱くなるような感じを持ったこともある。とにかくエネルギーだけは満ち溢れている。また、授業が成立しづらくなった三年生のときのことを語り、「あんなにはなりたくない」という気持ちを持っている子がたくさんいるということもつかめてきた。

3　私からのメッセージと学びの基盤づくり

全体に話が入るなと感じ出した四月の下旬頃に、そろそろ私の思いを語る時が来たなと思った。
①過去に荒れ狂った経験を持つ子故に、そうなりたくないと考えていることが多いことを伝え、ここから再出発しようと訴える。
②その頃何故にそのように荒れ狂ったのか、それは自分たちにとってどういう意味を持っていたのかを語っていこう。

③みんなにはエネルギーがあること。そのエネルギーは自分たちが成長する方に向けて行こう。
④成長する上では絶対に学ぶことは大事だ。その上で大事なことは相手のことを尊重してきちんと聞くこと。そして自分の思いをしっかりと言葉で伝えようとすること。分からないことを聞き返すこと。それに対して答え返すこと。

このような内容を伝えていった。

④の内容を現実化するために朝の会の時間を使い、ペアでの交流をすすめた。一つでもいい交流をしているグループがあるとそれをモデルとして全体の前でやってもらい、その数がどれだけ増えていくのかをグループ対抗表に花をつけて可視化する。テーマは朝ごはんの紹介、好きなペット、今夢中になっていること、自分のいやなことベスト三などなど多彩。話す時間は一人一分に限って終わると質問時間三〇秒。その後同じように相方が話す、ことを行う。基本原則はいやな顔をしない。話ができたらしっかり認めてあげる。時にはいくつかのグループを前に出して、相手の話の紹介をさせたりすると、傾聴力がアップする。テーマはテーマ箱の中に自由に子どもたちが書いたものを入れてもらい、ここから選択することもあるし、こちらから意図を持って出すこともある。時にはそうやって交流したことを書く作業へと転化させていくこともする。十分な言語環境にない家庭で育った子は、なかなか言葉を習得する場を持たない。こういった場面作りは、書きながら実感として言葉を習得していく。「その言葉どういう意味？」などと聞く光景はそれそのものである。こういった下地作りは授業の中で相互に話し合う活動のハードルを下げ

るし、話せない子が話せるようになり自信をつけていくことにもつながっていく。日常の生活で、ため口言葉ばかりを使いなれた子どもたちに、こういった世界を実感させてやることはとても大事なことだと思うし、トラブルや問題を考えあうときにも単純な発想・判断にとどまらず、多様な見方や考え方、そして友達の考えに耳を傾ける基本姿勢を育むことにもなる。それは一市民として当然身につけて行かなくてはならない教養・道徳でもある。

ペアをどんどんかえていったりもする。ただ、その活動に消極的な子や参加を拒否する子もいる。そういう場合は無理には参加させず見て参加することを促す。みんなが盛り上がり始めたその様子をその子たちがどのような反応で見ているのかを観察して次につなげる。話に参加しない子の、このような形は例えば算数で問題の答えを紹介し合う時に両者が分からない場合はヘルプを求めてちがうグループの話し合いを聞きに行けるようにすることにつながる。またヘルプ者は全体に問いを発しその問いに対して全体で考えあう形にもつながる。要は、ヘルプを尊重する空気を作ることが大事だと思っている。そこからいろんな形で考えが深まったり再認識することがあったりすることとの経験を積み重ねていくことである。そして話し合ったり学び合ったりすることとの楽しさを実感させていくことで、互いに学び合う空気を学級に広げていくことである。このようなことを繰り返していると必ず前へ進めようとする子どもが出てくる。そういう子どもたちと対話を重ね、学習集団がどういう状態なのかを「分析」することも可能になってくる。

ペア学習、ペアでの交流がもとになり、班での話し合いも可能になっていく。案外班で話をさせると特定の子だけが参加し、その他は従の立場に立っている時が多いのではないだろうか。

私の場合はこのペア学習と重ねて、帰りの会で輪番で今日の一日で良かったこととそうでなかったことを語らせるタイムをつくっている。できない子の場合はスルーしてもかまわず、大方の子が言うようになる。大事な問題提起の場合はそれを個人ノートに書いて考えてくるようにする場合もある。それをまたペアで読み合いながら全体で話し合うこともある。

また定期的に自由にテーマを決めて話せる時間を短時間でとったりする。モノをもちこんでもいい。今学習している内容でもそうでなくともいい。

自分の思いや見方「観」「生活」「モノ」が自由に教室の中で行き交うようにしている。そこから学びの対象が立ち現われてくることもあるし、友達再発見の時間でもある。

4　女子軍団発ハンドベースの提案

女子のダベリの会の中でクラスで「野球をしたい」という意見が出てきた。普通の野球ではおぼつかないと「カラーバットをつかった野球ならばいいかもしれない」と話し、職員会議で出すことにした。なぜならば、昨年度三学期を中心にこの学校が当時の六年生を中心にして大荒れに荒れたからである。私たち新しく赴任したものの最初の職員作業は天板を彫刻刀で掘られた机やあしのよじまがったイス等を撤去する作業だった。空き教室からは少人数授業用の机がなくなった。

そういうことからも学校はぴりぴりとした空気に包まれていた。職員はいたって協力的でみんなで学校をつくろうという空気が感じられた。

それ故に注目されている学年ということもあり全体の合意のもとにすすめなくてはと考えた。カラーバットだからいいだろうと思いきや、甘かった。カラーバットというのがネックとなった。まあそうだろう。この学年は納得に耐える行動を公に見せることが今までにないのだから。それならハンドベースに切り替え、体育の時間を中心に取り組むということで納得を得た。

私はマイナスの空気が支配するこの学年に早いうちにやりとげた達成感を感じさせる場、プラスの空気を吹き込みたかった。きっとそれは一つの足場になり前へ進む力になるだろうと思ったからだ。いろいろな背景を抱え苦悩している子もいるだろう。集団にあいそをつかし自ら溝をつくっている子もいるだろう。そんな一つ一つのことから学びあえるようになるためには、同じ時空間でやりとげたというそのつながりみたいなものが必要だろうとも思う。

すぐさま彼女たちの納得を得、原案作りに取り組んだ。原案と言っても簡単なものだ。四チームを作り体育館のはしとはしで行う。二アウトで交代。ピッチャーは下投げをする。ランナーに当ててもアウト。この子たちは一定のルールを自分たちで作り自分たちで守り合い楽しむという経験が少ないからこそ、日常に起きるトラブルから考えるという以外に、公の行事を組む中で出てくる問題を考えあうことが大事だと思った。取り組み始めるとすぐに問題は出てきた。これまで一定静かだった男子が、暴走を始めた。自分がうまく打てないからといっては「くそ、へぼピッチャー」と暴言を吐いてけんか寸前になった。相手チームに負けているからとランナーに至近距離からごっつく強烈なボールを投げて泣かす。「しね」「あほ」などとへましたチーム仲間に言ったりした。三回くらいたったところで女子軍団のあき子がゲームが終わった後「うちもうがまんできんで。くらせてやる(殴ってやる)」と興奮し始めた。ひどい行動をとっていたのはあの集団とそれに触発された数名。原案を中心的に書いたなる子と数人で必死に止めている。「まあこういうのは予想ついていたんと違う? 問題はこれをどうするかや。どうしたらいいと思う?」こう問うた。「すぐに学級会開いて。文句言うたるわ。せっかくいい感じに動いていたのに」とあき子は言った。「ほう、そんな風にクラスのことを考えることができるようになってきたのは素晴らしい成長だな。でもおしい。クラスをもっと前にすすめるには何かが足りない」こういうとなる子は「ほら文句に文句じゃあ今までといっしょじゃん」「じゃあどうするとよ」「先生の提案をうけてくれないかな」

「どんな?」「中には強い男子に発言できない子もいると思うから付箋紙に①問題にする事実を書く②それに対する自分の考えや思いを書く③書く時の条件はため口口調にならずに相手に自分の思いが伝わるように書く。今まで書くことは取り組んできたからみんなある程度は書けるでしょ。それを先生が読み上げた後で後ろの掲示板にはる。共通する思いは次のゲームのルールに入れる。こういうのはどう」こう提案すると「なんだかいじいじするけど、けんかになりそうだし、いいことないからそれで賛成」とあき子は言った。他の子もそれでいこうと話した。クラスに帰るとそれを全体に提案し合意を得て取り組むことになる。

こういう関わり方をするうちにハンドベースは自然な形でトラブルなくできるようになってきた。しゅうはけっこう上手だった。チームメイトから拍手ももらった。相変わらず斜に構え無表情ではあったが危険な雰囲気は漂わせながらも一定のルールに従ってハンドをすることができていた。ハンドはクラスの人気スポーツになっていった。トータルで一二回まで行った。後ろの掲示板には「ミスしても暴言をはくことがなくなった」「ハンドをするのが楽しくなってきた」等といったことを書いた付箋紙がぎっしりとはられた。良いことは黄色、良くない事はピンクの付箋紙に書くようにしていた。ピンクの色が圧倒的に多かった最初のころと比べて、目に見えて張った紙の色が黄色に染まっていった。暴言やルール破りは極端に減った。

帰りの会の一人語りの時間に担当の子が語った後、前に出てきてなる子が語り始めたのには驚いた。「私はここまでハンドに取り組んできて良かったと思う。最初はトラブルだらけだったけど今ではほとんどそういうのがなくなり、みんな楽しくやっている。こんな感じを味わうのは私初めてだから興奮している。それにしゅうが変わってきたと思う。みんなの考えをきちんと受け止めてくれて、少しは暴言はあるけれど少なくしてくれてる。ありがとう。先生にも以前に言ったけれど、私三年生の時のようなめちゃくちゃな時代にはもどりたくない。みんなもそうではありませんか？　私はもっとたくさん学びたいと思います」そんなことを熱く語ってくれた。そうぞうしい学級がシーンとなり語り終わった直後にみんなからの拍手が起きた。なる子がしゅうのことを持ちだしたのにはわけがある。それはあの荒れたゲーム以降、この女子軍団はしゅうの行動について出し合い、「きっといろいろかかえてるよね。知りたいね」「でもなんかまだ近寄りたいよね」などの話を重ねてきていた。

しゅうの「表面的」な変化をみやげにこの日家庭訪問し、これまでのことやこれからのこと、そしてしゅうの内面に出会いに行くことにした。母親は誠実に語って下さった。水泳を習っているしゅうには、見えない重圧がかかっていたことがわかることになる。

5 「野菜をつくらないか」からの発信

「この学校の子はものを壊す、ものを盗る、個人主義で主張が激しく、相手とあわないと思うや関係をすぐに切る、協力しようとしない子が多いですよ」と教頭先生から言われた時、すぐに「この子たちと野菜を作りたい」と思った。

何でも既成のモノを壊したがるのならば、対極の創造的な世界を体験させたらどうなるだろうと直感したからだ。しかもありあまるほどエネルギーがあるのならば、畑も何もないところを開墾するところから始めたらどうだろうかと考えた。

活動は対話を挟み、そこにある程度のドラマを、そして子どもたちの自主的な活動を生み出すように仕組まなければ、ただの勤労生産的な学習になってしまう。子どもの生活世界を変えていくものとして構想する必要がある。私のこれまでの体験活動はそういう視点を大事にしてきた。こちらが予想もしない活動を子どもたちは作りだすものだ。それがやっていてとても心地いい。

さっそく畑探しから始めた。校長先生もこのクラスをお願いしたてまえもあって、土地探しに奮闘した。二転三転したが、五月の中頃に土地がみつかった。それは小学校から五分ほどで行ける中学校の裏庭の結構広いスペースだった。ただ、ここは長らく使われておらず、草だらけでかなりの整備が必要だった。

ちょうどハンドがひと段落し、子どもたちは次のステップへと走りだそうとする時期にさしかかっていた。さっそく下見をし、草刈り機で草を刈って使えるかどうかの吟味をした。土の中にかなりの数、昔使われていた囲い用のブロックが埋まっているのを確認。畑づくりはブロック掘り、草取りから始め、トラクターを入れて下準備をする。これならなんとかできそうだと考え、次の日に子どもたちに呼びかけてみることにした。

「総合の時間を使って、野菜をつくってみないか？」この提案は案の定、活動派の子どもたちの中に喜んで受け入れられた。子どもたちは、「スイカとかつくっていいと？」と言うので「作れるものなら何でもすきなものをつくっていいことにしよう」と答えた。

こうなると早い。次の日には子どもたちはつくる野菜の種類を絞って来ていた。

「好きな野菜は？」→スイカ（一五名）・キュウリ（七名）・トマト（一六名）・オクラ（二名）

スイカはあこがれと「本当につくれるの?」という疑心暗鬼派、キュウリは大量収穫の欲張り派、トマトはトマト大好物の本気派、オクラはおばあさん子といった分かれ方だった。

6　いよいよ畑づくり

当日は五学年全員と用務員さん、級外の先生、担任の総勢八五名ほどが参加して畑づくりを行った。

活動は、☆草集め。集めた草は一輪車で運ぶ　☆長いツルの処理　☆頑固な草の根っこの掘り起こし　☆ブロックの掘り起こしとブロック運び、である。

方針として、働く途中に遊ぶ子どもがいればその活動の質によって認める。モノや自然と人と関わるということを重視する。子どもたちの歓喜の活動は・・・

・長いツルの引き合い遊び・とかげや子へびの出現、こういうのを平気で手づかみする子がいる(大丈夫なへびなのかを私が確認した)・一輪車に乗ってにっこり・ブロック掘り起こし競争。何と全部で八〇枚が埋まっていた。二時間かけて作業はほとんど終わったが、ブロックを残したくないとさらに延長四〇分。掘り起こしたブロックはじゃまにならないところにバケツリレー。たくさんの子が参加し、掃除サボりをするいつもの彼らの姿とは全く違った姿を見せてくれた。最後に「面白かったー!」の一言。宝探しの感じで次々に埋まっているブロックを掘り当て、掘り起こす作業は子どもたちにとってやりがい十分だったのだろう。「あたり！」、そんな活動だった。

圧巻はこの状態からトラクターが掘り起こし、本当にまっさらな土が生まれ、畑になった状態を子どもたちが見たこと。「おーっ」と言ってすぐに畑に集まり、土をかき混ぜ、遊び始めた。

畑の遊びは一時間つくった。その後、油粕に牛フンを入れて混ぜ込んだ。マルチをかけて苗植えの準備をすすめた。「こういう活動をすると気持ちがスカッとしてものすごく気持ちがいい」と子どもたちは応えた。

手に土の感触は特別だと思う。触ることで人は癒しと安心感を受ける。土の微妙な感触、表面と中の湿った土との温度差の感触。生物として理屈抜きにぞわっとする瞬間だ。土に自分の感情が浄化されていくような感触だ。「気持ちがいい」はそういうことだろう。

7　マルチはりと定植その後

トマトはミニトマトではなくて、ミデイアムトマトを植えた。食感がよくて甘くそれなりの大きさがあって収穫の時の充実感につながっていくと考えたから。

スイカは赤色と黄色の両色をそろえた。畑探しで時間をとった分、苗の注文が遅く、狙いの大玉黄色はなくなっていて残念だったけれども、中玉の黄色が手に入った。キュウリは少し実にとげがあるものを選び、自然のキュウリを強調した。キュウリのとげの刺さる体験をさせたかったからだ。また、二組はポップコーン用のトウモロコシの種をまいた。ポップコーン用は虫があまりつかないので育てやすい。

先の楽しみを作りながら今の活動をする、この間合いが今の子どもたちには必要だ。急いで急いでと生活に追いまくられる大人や子ども。生活をつくりながら生活から豊かに指導される、そんな当たり前の生活の感触が今の時代は失われているのではないだろうか。

作物定植後の子どもたちの自主的な動きはすごかった。昼休みに見に行っていいかという子どもたち集団がいて、給食後の昼休み時間になると学校を抜けて中学校の菜園にたくさんの子が通った。当然校門を抜けるので校長先生も見守られる。

なかなか雨が降らず土が乾いているので、さすがに水いらずのトマトやスイカも弱っているだろう、と休みの日に見に行くと土がぬれている。次の日に訊いてみると休みの日に何人かで希望をとって水やりに行った、と言うので感激だった。当番はあえてつくらない。自分の作物は自分で愛情を持って育てる。そのかわり菜園に行った子は他の子の野菜の様子を情報として流すようにはしていた。

日曜日の昼過ぎにサッカー軍団に出会った。見るとコンテナを抱えている。「何をしてんの?」と尋ねると、今日は練習後、市立図書館に行って何を作るのかを調べて準備した。家庭でもトマトをつくってスパゲテイーのケチャップを作るのだと息巻いている。日ごろおとなしいこう、スポーツにしか興味を示さないそうがこういう行動に出るとは非常に驚きだった。

クラスは「菜園ブーム一期到来」の感じだった。

8　アクシデントが子どもを育てる

作物は順調に育ち始めた。しかし、そんなに甘くないのが作物との対応だ。なんせ自然の中で生きている。見落とせば手遅れになるし、過剰に関われば育ちがうまくいかない。それこそ作物と粘り強く対話しながら育てなければならないのだ。


〈スイカ編〉

人気の高かったスイカだが、この二人のかかわりはすごかった。毎日毎日見に来てて世話をした。

が、あるとき一日でびっしりと葉の裏にアブラムシが付いているのを発見。対策として最初は薬をかけていたが、それではあまりよくないのではないかと考えて二人は図書館やパソコン室にこもりはじめた。そうしてとった対策が竹に銀紙を巻いて反射させアブラムシや他の虫を寄せないようにしようという案だった。そういえば虫よけにシルバーマルチというのがあり、農家の方は虫よけにこれを有効活用されている。

スイカは人気者

この子たちはクラスの中ではあまり目立たない存在だったのだが、これでスイカグループの中で一目置かれるようになっていく。まごづるが出てくると大玉を作ろうとするとカットしなくてはならない。その時に注意散漫な子は他の残さないといけないつるをふんづけてしまい、病気のもと（炭素病）をつくってしまう。そのこともわかっているこの二人は他の子に積極的にアドバイスをした。カットするまごづるが他の子はわからず、極度に神経質になり「これだよね、これだよね」と聞いてくる。そんな時もこの二人に頼んでいれば教えてくれる。

このようにして、必然的な対話、必要な対話が生まれてくる。自分の思いだけではどうにもならない現実を作物から教わる瞬間だ。普通なら必要としない、関わろうともしなかった子に多くの子が関わらざるを得ない。収穫はまた格別だ。つくった子がせいぞろいして食べ、喜びを共有していく。この子たちのおばあさんも「うれしくて畑を見に来ました」と言いながらそっと草を抜いていってくださったり、肥料を置いていってくださったり、連絡帳に長々とお礼の言葉を書いてくださったりした。

子どもたちの活動と関係性の変化、そして個の変容が家族の人をも動かしていった瞬間であった。

〈キュウリ編〉

あゆりのキュウリの苗だけが枯れた。二回植え替えても枯れ続けた。これにショックを受けたあゆりは泣いた。「もういい。もう植えない！　何で私だけいつもこうなるの！」

最後の一言は重かった。すぐに友達のなる子が慰めている。なる子が私のところに来て、「どうしても成功させて！」「あゆりは両親が離婚後、気持ちが弱っている」「離れて暮らしているお父さんは先日亡くなった」「中学のおにいちゃんもおかしい」「クラスのあやとも誤解をされてけんかぎみ」「あゆり、いいことひとつもないじゃん。それなのにこれ？　先生どうにかしてあげて」と強烈に私に迫ってきた。私はだめだと思っていた苗をもう一度眺めてみた。すると枯れかけた横から新しい芽が生えてきているのを発見。じゃまな枝を全部カットして水溶液の中に付けて復活する術をとった。すると少しずつ大きくなってきた。

その様子は毎日あゆりとその友達も囲んで観察。よしと判断したところで、前植えていた場所とは違う場所に定植した。困難を乗り越えた苗は強い。他のどれよりもつるを伸ばしてしっかりした生命力あふれたキュウリを収穫することができた。あゆりは

困難を乗り越えたキュウリはだれのものより立派に育った

おばあちゃん子が選んだオクラ

感激した。

こういうことを経て、崩れかけた生活を彼女は立て直していった。五年の別れ際に彼女は泣いた。

「これでさよならじゃないよね」と。このとき、まだまだ彼女の近くにいて励ましてやる人が必要なのだ、と痛感した。この考えは結構私を苦しめた。が、ある意味傲慢な考えにも陥っているなとも考え、次の展開に進んでいった。

トマトは甘さいっぱいのミディアム種

〈トマト編〉

ある日、トマトグループの子が血相変えてやってきた。ひろしのトマトが根こそぎ引き抜かれている。驚いた子たちは現場を見に行く。ひろしだけでなく、みかややかりんのトマトも引き抜かれていた。茎には青いトマトが実をつけていた。どうやら中学校の子が遊びで引き抜いたということがわかったが、誰がしたのかまではわからなかった。すぐに彼らは中学校に抗議しようと言い始めた。でも、言ったら仕返しが来る。

結論は、抜かれても抜かれても植え続けること。幸いトマトは強い。多少抜かれて日が経っていても、水につけてしばらくしておけばまた再生する。根を横に張り、そこからも新たな茎を持ちあげてくる。やわじゃない。この作戦はまんまとあたった。二回抜かれたが、さすがに三回目はなかった。それよりも、学校の特別支援学級のイモが抜かれたり、花が折られてもなんとも思わなかった子が「こういうことは絶対にしてはいけない」と話すようになったことがうれしかった。

9　まとめ

第一期の野菜づくりを終えて、作物を育ててみてどんなことを感じたり考えたりしたかを尋ねてみた。

◉育てるのはめんどうで、きつくて、大変だと思った。
◉きつくてめんどうだけれど面白く、楽しいと思った。
◉自分のあいぼうだとおもって育てた。
◉どういうふうに成長していくのだろうかとわくわくした。
◉すごくたいへんだったけれども、食べるためにがんばろうと思った。
◉育てている人がどれだけ大変な思いをしているのかがわかるような気がする。
◉自分で育てたこの感動はだれにもわからないと思う。
◉ぐんぐん伸びていくのですごいと思った。
◉実際に実がなって収穫できたときはうれしかったー。

◉大きくなれー、大きくなったなーという気持ちでいっぱい。
◉もっともっと育てたいし家でも育ててみたい。
◉カラスくるなよーと思いながら育てた。
◉今度はスイカを自分だけで育てたい。

この後、第二期の活動が始まった。それはそばづくりへの挑戦だった。この子たちは見事にそばを育て収穫をし、そばをうち、食した。

実践記録

福島の現実から授業をどのように組み立てるべきか？

鈴木　直（福島県）

はじめに

二〇一一年三月一一日より五年が経過した。福島第一原子力発電所（以下「福一」）のことは、避難指示解除の情報や国道六号線の全線開通で話題となることもあるが、事故のことをメインとしたニュースは確実に少なくなってきている。また、放射線量もテレビや新聞には毎日掲載されているが、福島県で生活している私たちがそれを意識して生活することは少なくなっている。生徒たちも元気に学校へ登校しており、他県の中学生と変わりがない。実際、我が家の二人の娘も毎日元気に学校へ登校している。

しかし、未だに二〇一五年一二月現在、県外に四万四〇九五人、県内に一〇万七七三四人が避難しているという事実がある。何度か名前を変えている「帰還困難地域」「居住制限地域」「避難指示解除準備区域」は厳然として存在しており、「福一」に流れ込む地下水対策は未だ解決されず、多核種除去設備（ＡＬＰＳ）も正常に稼働していない。さらに「福一」内の原子炉がどのようになっているかもよく分からない状況が続いている。福島県内で生活していても、「福一」の状況や原発事故被害の状況がどのように進捗しているかを明確に把握することは難しい。

私自身、事故直後はかなり書籍を読んだし、新聞記事の切り抜きを集めたり、意識的に原発について授業を行なったりしてきたが、最近は原発について意識的に授業をすることが少なくなってきている。二〇一一〜一二年の実践から約三年が経過し、目の前にいる福島の生徒たちが「原発事故」や「放射線」をどう捉えているのか。そして、「エネルギーの将来」や「福島の復興」をどのように見つめ、関わろうとしているのか？　これらを同じ福島県に生活している大人の一人として、共に考え合うために二〇一五年度より実践を継続していこうと考えている。

1　学校と放射線教育の今

私が勤務している中学校は、福島駅から最も近い所にある全校生約四〇〇人弱の中規模校である。私は本校勤務五年目、震災の年の八月に市内の他の学校より異動した。

震災と原発事故から四年半が経過し、表面上はどこにでもいる中学生と同じように、喜怒哀楽を表現しながら、学校生活を送っている。部活動へも震災以前と変わりなく取り組んでいる。学校や公園など人が多く集まる場所に設置されている空間放射線量の数値を表示する「モニタリングポスト」のある風景が普通になっており、そこに示されている数値を常に意識して生活している訳ではない。むしろ、ごく普通の生活を送っているかのように見える。

しかし、生徒たちとの対話や授業のちょっとした瞬間に「放射線」のことが話題となる。例えば、福島市では中学二年生を対象にＷＢＣ（ホールボディカウンター）による内部被ばく検査が行われている。その際に、「先生。これって何のために行うのですか？」とか、「大丈夫ですか？」といった質問をする生徒が多く見られた。そのたびに私たち教員は、「これは、今の自分たちの内部被ばくの状況を測るのだから健康のために行うんだよ」とか、「原発事故以降、きちっとした検査は継続していった方がいいからね」と話をする。また、検査の待ち時間中に健康についての不安を話す生徒がいたり、全く気にしてないと話す生徒もいたりして、福島の生徒たちも一様に同じように考えているわけでないことを実感させられる。震災当時一八歳未満の子どもに対する甲状腺被ばく検査も行われており、「Ａ1」「Ａ2」「Ｂ」「Ｃ」と四段階で結果が通知される。我が家の娘は「Ａ1」と「Ａ2」判定であまり心配をしていないが、勤務校の生徒の中には甲状腺摘出手術をする生徒もいる。実際、生徒たちの中には自らの健康に関して何となく不安があるように感じられる。

また、親子奉仕作業として学校で行われる校庭の草むしりも、保護者の理解が得られないという理由で保護者のみで行っている（二〇一六年度以降、親子奉仕作業として実施する計画である）。除染が終了したプールで夏場の水泳の授業は再開されているが、プール清掃は教職員と保護者が協力して行っている。実際の所、プールサイドの線量は高くない。しかし、水泳の授業に「参加」「不参加」は、保護者・生徒の希望制である。プールに入らない一番の理由が、プールサイドの放射線量が不安なので参加させないと書いてくる保護者もいる。

市の教育委員会が中心となり、『放射線教育指導資料』（第三版二〇一五）が発行され、これに基づいた放射線教育を小一～中三まで年間学級活動で二時間行う。その際、個人的な見解を入れてはいけないと指導されている。この一番の理由は、放射線について様々な意見を持っている人がいるため、担任や学校への「抗議」ではなく教育委員会へ「抗議」を一本化するためということである。こういった話が聞こえてくると、放射線教育を行うことをためらう教員が多くなるのもやむを得ない。本来は担任が学級活動で行うのであるが、理科の教員や意識的に取り組む教員による授業や学年合同学活、専門家による講話という形で放射線教育が行われることが多い。

私の学校では、専門家による講演という形で進められている。二〇一四年度は、小児科医による「放射線」に関する内容、二〇一五年度はＪＡ職員による「食と放射線」に関する内容が行われた。講演時間が約五〇分であるため、講演内容はいいものの、生徒たちがじっくりと聞いて理解できるものとはなっていない。講演内容を発展させて授業で扱ったり、基礎的な部分を授業で補完できると生徒たちに広がりのある学びを構築できそうなのであるが、学校全体や学年で広がりのある学習になっていないのが現実である。

2　試行錯誤の連続〜周囲との軋轢の中で〜

二〇一四年度は持ち上がりの三年担任。この学年には、保護者が電力会社に勤務している生徒がおり、私の中では「原発」を取り上げた実践を行うことにためらいがあった。その子は、「原発が動けば、お父さんのボーナスが上がるんです」といったり、放射線の授業を行った際は、「また、原発ですか？」といったりする発言が多く、教員の考えを一方的に伝える授業では、親や生徒も教員に対して反発を強めることが予想された。また、家庭訪問に行くと、家の中に選挙ポスターを堂々と貼っている家庭が多く、政権党を支持していることが伺われた。さらに、隣の県で「南京大虐殺」や「従軍慰安婦」を取り上げた授業を行った社会科の教員が、その授業内容をめぐって一部の保護者やマスコミから「一方的な授業内容である」と指摘され、学年保護者会で教科担任と学校長が謝罪をしたとする新聞記事が流れていた。

私自身は社会科教員として、今まで南京大虐殺の授業を行ったこともあるし、教科書以外の内容もかつては積極的に取り上げて授業を行ったりしてきた。しかし、以上のような雰囲気の中では、原発や公民の授業を行う際に、保護者や地域から「苦情がくるのではないか？」ということを意識せざるを得ない。そのため、総合の時間などで体系的に「原発や反原発」の授業を行うことができず、社会科の授業の中で様々な意見を採り上げながら（私からの話が多いのだが）、生徒が判断をする形で授業を行ってきた。

社会科のメディア・リテラシーに関する単元で二〇一四年に出された「大飯原発三，四号機運転差止請求事件判決」それについて新聞（『毎日』『読売』『朝日』）の論説を比較し、実際の判決文と論説の扱い方の違いを考えあった。生徒たちは、立場であまりにも記事の扱いや内容が違うので一様に驚いていた。その上で「福井地裁判決文」の内容そのものを読み取ることができれば、国民の幸福追求権といった憲法の内容にまで踏み込めたと思うが、時間をかけてじっくりと教材と向き合わせることができなかった。

高校入試対策一辺倒になった二〇一五年の二月末に原発の問題を考える授業を行った。公民単元「資源・エネルギー問題」での実践である。毎日新聞の二〇一五年二月一五日付朝刊に『米で原発廃炉相次ぐ』という見出しの記事が掲載された。この記事を使い一時間の授業を行った。

この時期に授業を行った一番の理由は、自分自身、入試対策一辺倒の授業に辟易していたためである。入試対策という名のもとに入試問題を解き、解説をする授業を二月の中旬以降、毎時間行っていたからである。そんな授業に嫌気がさし、世の中の出来事と自分たちの生活が繋がっていることを実感してほしい、そんな願いを持って授業を行った。また、一〇年後や二〇年後も福島で生活していると回答する生徒が多い中、原発の問題を考えるには、「廃炉が増えているアメリカ」を通して、日本の原発の在り方を考える方が、考えやすいと判断したためでもある。

授業の構成は次の通りである。

① 新聞記事を通して、何が書いてあるかの個人での読み取り↓班での発表

新聞記事を配付し、どうしてアメリカで原発が廃炉になっているかを班ごとに話し合い、発表した。主な意見は、「原発の割合を下げて、再生可能エネルギーの割合を増やすべきというアメリカの世論が強くなってきた」というものや、「風力発電の普及やシェール革命によるガス火力の拡大によって、発電コストが下がってきた」というもの、その上にたって「アメリカでは電力が自由化されており、価格競争の面で風力やガス火力にかける安全コストと原発にかける安全コストの差が拡大している」という発表がなされた。

② 日本の原発の現状と原子力発電のしくみを理解する↓教員からのレクチャー

教員が作成したプレゼンテーションを利用しながら、基本的な内容を押さえた。原発は日本海・太平洋側の臨海部で多く立地しており、明らかに人口の多い都会よりは、人口の少ない「田舎」に多いことに生徒たちはすぐに気がついた。そして、それぞれの発電方法を理解させ、その上で抱えている問題点を明らかにした。特に原発は、少ない濃縮ウランが核分裂する際に核分裂生成物質などの放射性廃棄物が発生すること。これを無害化する方法は見つかっていないこと、日本では高レベル放射性廃棄物の最終処分場の見通しは全く立っておらず、各原発で保管していることなどを伝えた。

③　原発を多くつくってきたしくみの学習

②で確認したことを元に、どうしてそんな原発が日本に震災前まで五四基も建設され、さらに何基もの原発が計画されたかを考え合った。ここでは福島第一原発一号機が一九七一年三月二六日に営業運転を開始した直後の『福島民友』新聞一九七一年三月二九日のH町の町長の発言「双葉地方は高度開発の条件を持ちながらチャンスに恵まれず、福島県のチベットといわれる状態におかれてきました。なんとかして〝チベット〟から脱却したいという気持ちは、地域民がつねにいだいてきた共通なものでした。だからこそ将来をこの原発にかけた」をもとに「なぜ、双葉地区が原発を受け入れたのか？」考えた。

生徒たちは比較的容易に原発がつくられた理由が「地域発展のため」であることに気がついた。あわせて、電源三法についての情報も提供したので、「原発をつくると、地域にお金が入ってくる」ことを容易につかんだ。そして、「原子炉立地指針」を見せると、当時の町長が考えた「都市化」が進行すると原発は作れなくなることに気がつく生徒も出てきた。この矛盾を追究することで、様々な点で「犠牲」を強いながら発展してきたことを考えあうことも可能であったのだが、追究していくことができなかった。これが一番悔やまれるところである。私の方から「今後機会があれば考えてほしい問題」であることを伝えるにとどまってしまった。

④　今後のエネルギーをどうすべきか（意見の交流の上で自分の考えを書く）

最後に「原発を含めたエネルギーの供給を今後どのようにしていくべきか」について自分の

意見を書き、それを交流した。

生徒の意見には、内容が難しいと感じた生徒もおり、「正直、難しいです」とか、「わかりません」と書いた生徒もいた。しかし、多くの生徒たちは、じっくりと自分の意見を書いてくれた。代表的な意見を掲載したい。

◯ ベースロード電源の中でも地熱や水力など環境に優しく、危険が少ない発電方法に力を入れ、太陽光や風力などの再生可能エネルギーに原発のような補助金をかけていけば、ドイツやアメリカのようにだんだん原子力発電のメリットは少なくなり、数が減っていくのではないかと思います。太陽光発電や風力発電だったら、人口の多い都市にも設置するのが可能なので、コストを調整しつつ、少しずつ増やしていけば、再生可能エネルギーでほとんどの電力がまかなえる日が来るのではないかと思います。

◯ 確かに、（原発は）町にはお金が入ってきて雇用も活発化するので、必要かもしれないが、事故が起こってしまった以上、使うべきではない。他のところで雇用を確保し、自然エネルギーを利用することでずっと発電できると思う。費用がかかっても、今進めないと始まらないと思う。

◯ 原発をすぐになくすということは無理だと思うので、ゆっくりと時間をかけてなくしていくことが重要だ。そして、再生可能エネルギーへ移行していかなければならない。

◯ 原発は何十年、何百年かかっても廃炉を進めるべき！　新たなエネルギーを探すよりもエネルギーが少なくても生きていける環境を考えた方がいいと思う。

○　自然エネルギーの割合を増加し、原発の割合を少しずつ減らしていく。一人一人がそれぞれの発電方法のよい点、悪い点を理解する。

全体的にみると、原発を肯定的に捉えるというよりは、否定的に捉える意見が多かった。さらに、生徒たちの中には「福一」の事故という事実は厳然と残っており、事故との関連から原発に関して考える生徒が多かった。しかし、すぐ廃炉という意見は少なく、徐々に減らしていくべきであるという考えの生徒が多かった。これには経済的な理由を挙げる生徒が多く、「地域の活性化」という視点を取り入れ、原発に頼っている市町村が存在している以上、原発に代わる雇用を生み出したうえで廃炉と考えたようであった。

また、最初に「アメリカで原発の廃炉が進んでいる」という記事の読み取りからスタートした結果、「再生可能エネルギー」に対する理解が進み、従来からいわれている出力が不安定な再生可能エネルギーという考えに囚われず判断できたように思う。やはり、政府の立場だけでなく、政府以外の立場から意見を出すことで、同じ物事でも違う視点から見つめることができ、物事の理解が深まっていくと思う。しかし、授業時間が来てしまったため時間内に話し合いを行うことができず、生徒の意見を配付し教員のコメントを話すだけに終わってしまった。せめて、紙上討論を組織できればエネルギーの今後に関して実り多いものになったと思う。念のために記せば、この件に関して、保護者や第三者から授業内容について「苦情」などは、私には届かなかった。

3 「放射線」から「エネルギー」の授業へ

(1) 授業の構想と生徒の問題意識

二〇一五年度は二学年主任としてスタートした。担任ではないので、授業実践は教科か、総合の時間になる。総合の時間は、二年生の前半は職場体験に向けて、後半は修学旅行に向けての二本立てであり、学年全体を通して「原発」を取り上げた授業を構想することは難しい。最初は、一つの学級を対象に時間をもらいながら実践を行う予定であったが、諸般の事情により社会科の研究授業で扱ったため、その後は社会科の授業で実践を行った。授業は、二〇一一年三月に何が起こったかを確認することから始めて、生徒たちの問題意識に沿った形で進めようと考えた。

最初の授業では、東日本大震災と「福一」の事故から間もなく五年が経過しようとしているので、福島に生活している私たちが原発や放射線についてもう一度捉え直す必要があるのではないかと伝えた。

実際は、生徒たちに原発事故を再確認してもらうために、原発事故をまとめたプレゼンテーションを教員の方から提示し、五年前に現任校に赴任したときに書いてもらった先輩（当時中一）

の作文を用い授業を行った。最初は授業に関して、あまり関心がない様子であったが、先輩の作文ではかなりリアルに書かれていたため、その時の様子を思い出した生徒（当時小三）が多かった。口々に「ちょうど帰りの学活をしていた時だった」とか、「先生に怒られていたときでした」といった声が上がった。そして、五年目を迎える現在、自分たちが「放射線」や「原発」、そして「福島の復興」を一緒に考えたいので、今の気持ちを正直に書いてほしいと話し、「放射線」「原発」「復興」について無記名でアンケートを実施した。

(2)「放射線ってなぁに?」

福島市では、市の教育委員会が二〇一二年一一月に作成した『放射線教育指導資料』が、二〇一五年で第三版まで改訂を続け発行されている。これは指導案だけでなく、必要なワークシートまでが一体となった指導資料であり、この『指導資料』に基づき、小学一年生から中学三年生にかけて学級活動の時間に年二時間「放射線教育」を行うことになっている。しかし、担当するべき学級担任が、「放射線はよくわからない」ということもあり、「放射線教育」に対して二の足を踏む場合が多い。

今の学年の子どもたちが小学五年生の時からスタートしているので、今まで合計六時間の授業を行ってきている。しかし、「放射線」に関する基本的な用語や「放射線のリスク」は、生徒たちにまだ定着していない。授業時に行ったアンケート結果を見ても、放射線に関して「よくわからない」と回答を寄せる生徒が多いことに表れている。

アンケートの集計結果を見ると、放射線を「よく分からない」という生徒だけでなく、放射線を「気にしない」と答えている生徒も多い。逆に、「放射線」に関して「自分の健康に不安を感じる」という生徒も少なからずいる。そのため授業を行う際には、「放射線が安全である」と強調しすぎると生徒の意識には「放射線のリスク」を意識しなくなってしまうし、かといって「放射線は危険である」ことを強調することによって生徒の「不安」を大きくしてしまう可能性もあることを注意することが必要である。このことは福島で「放射線」の授業を行う場合、常に考えなければならないことである。福島で生活をしている以上、私は、「放射線のリスク」について、分かっている所と分からない所を生徒たちに伝えることが大切であると考えている。「放射線」には、低線量であったとしても一定のリスクが伴っていることを生徒たちにちゃんと伝えられていない。それが生徒の「気にしない」という言葉に返ってくるものと考えられた。

従って、授業は「放射線に関する一般的な知識」だけでなく「放射線のリスク」について理解させ、その上で「外部被ばく」と「内部被ばく」に視点を当て、自分が受けると思われる放射線の外部被ばく量を計算できるようになることを目標とした。

最初に「放射線に関する一般的な知識」をプレゼン資料で提示し、その上で「放射線リスク」を『朽ちていった命：被曝治療八三日間の記録』（ＮＨＫ「東海村臨界事故」取材班、二〇〇六年、新潮文庫）を使い、大量に被ばくした場合のリスクについて話した。その上で「外部被ばく」「内部被ばく」の説明を行った。そして被ばく量の計算を行ったが、市教委で作成している指導資料に例示されている被ばく量の計算式は大変複雑でわかりづらい（内容は省略）。確実な計算はできるが、簡単に計算できるものではない。普段から使えない内容では、こと放射線に関しては困るので、簡単に計算できる方法を用いることとした（田崎晴明著『やっかいな放射線と向き合って暮らしていくための基礎知識』朝日出版社、二〇一二年）。

一年は三六五日、一日は二四時間だから、一年間を時間であらわすと
二四時間×三六五日＝八七六〇時間
従って
一年は大まかに一万時間とみなす。空間線量率が一μSv（マイクロシーベルト）なら、年間の被ばく線量は約一万μSvとなる。ミリシーベルトに換算すると一〇mSvになる
故に空間線量率（単位はμSv／h）の数字を一〇倍して単位をmSvに変えたものが、年間の被ばく線量の大ざっぱな目安

この計算方法はかなり大雑把であるが、だいたいの被ばく量をすぐに計算できるというメリットがあり、生徒だけでなく福島で生活している以上、この計算法を覚えておくことは大切だと思う。

その後、行政が何をやっているのか？　そして、自分たちができることはどのようなことなのかを考えた。

授業後、生徒たちに感想を書いてもらった。そのうち代表的なものを掲載する。

・放射線の計算なんて、自分に関係のないことだと思っていたから、今回の授業でわかって良かった。自分たちにできることは簡単なことならすぐにできることなので、小さなことでもやっていきたいと思った。

・放射線について、そんなに詳しく知っていなかったので、今回新たに分かったこともありました。日常生活において受ける計算方法なども初めてわかりました。外部被ばく量を減らすための取り組みについては、除染やガラスバッジ（個人用ガラス線量計）なのだということも確認できました。

・放射線は、福島に住んでいる人にとって身近なものなのに、まだまだ知らないことばかりでちゃんと知っておかなきゃいけないなと思った。私たちが、放射線で受ける被害を防ごう（完全ではないが）としてくれている人たちは大丈夫なのかなと思った。

・放射線を大量にあびると死ぬこともあり驚いた。安全に暮らすためにもう少し考えて生活したい。

・一年間に受ける放射線量は意外と少ないんだと思った。放射線量のことを分かりやすく知ることができたので良かった。食材に入っている放射線量をもっと詳しく調べてみたいと思った。
・ぼくは年間に受ける放射線の量はもっと多いのかと思っていたが、多い所へ行ったりしなければ、さほど問題にはならないということを知り少しほっとした。

感想や新たな疑問を見てみると、基本的な知識を初めて知ったという感想が多く寄せられただけでなく、福島で生活していく以上放射線に関する基本的な理解が必要であるという声が多数寄せられた。今まで『指導資料』に基づき、体系的に放射線について学習を進められてきてはいるものの、放射線に対して生徒たちはなんとなく不安を持っており、教員が意識的に「放射線の」授業を行うことで、「何となくの不安」から「根拠ある不安」や「安心」にたどり着くことができると再認識できた。

(3)「原子力発電所が必要な理由」を考える

最初に行ったアンケートで、原発の必要性についても確認してみた。「必要」と答えた生徒が約三分の一、必要でないと答えた生徒が約三分の一弱、よくわからないと答えた生徒が約三分の一という結果となった。

「必要」と回答した生徒たちの意見で共通しているのは、「地震と津波」という自然災害によって引き起こされたのだから、事故への対応ができていなかったのが問題という意見が圧倒的に多い。つまり、生徒たちは「自然災害であったから、今後それに注意し、津波などへの対策を講じることで、電気を最も作り出していると考えられる原発は必要だ」という考え方を持っているといえる。やはり、事故から離れた地域という意識があり、事故に対する当事者としての意識が高まっていないと思えた。

「不必要」と回答した生徒たちの意見は、様々なものがあったが「再稼働はおかしい」という意見から、「風評被害」についての意見、「事故に対する反省」が代表的な意見であった。

「わからない」と書いた意見は、本当に判断できないという意見と事故に対する反省を踏まえつつ、原発を含むエネルギー政策を見直す必要性を書いている生徒が多い。これらの生徒は、自分の中でまだ判断できていないと言えそうだが、「見直す必要性」と書いている生徒が多いため、潜在的には「脱原発」を意識しているものと考えられた。

そこで、原発に関する授業を行っていくことを決意した。前述したとおり、授業での実践になるので地理的分野の「関東地方」に、「人々の生活を維持するエネルギー」という小単元で原発を含むエネルギーの全体像と特に原子力発電の立地などから問題点を抽出し、「東北地方」で「福島の原発」を取り上げ、「原発が福島に作られた理由」を考えさせた上で、「北海道地方」で「原発で地域は豊かになるか?」を取り上げようと考えた。

関東地方の夜の衛星写真を提示し、その特徴を読み取らせた。その後、関東地方におけるエネルギーの消費量を示したグラフを提示し、エネルギー消費量が最も多いのが東京であり、関東地方のエネルギー消費量の多さに気づかせ、「なぜ、首都圏の電力を福島県は供給していたのだろうか？」という課題設定で授業を実施した。

日本全体のエネルギーの現状をクイズ形式で概観した。生徒の反応はよく、近くの生徒と相談しながら、受け答えをする場面が多く見られた。また、水力・火力・原子力・太陽光の各発電の簡単なしくみを理解させるために、スライドを用い、各発電の共通点を考えさせた。その際に、各発電の長所や短所を考えさせながら、発電の基本的な仕組みや問題点について教員から説明を行った。

次に水力・火力・原子力の各発電所の分布からどのような立地傾向が見られるかを班ごとに考えた。教科書の「日本のおもな発電所の分布」図を利用した。この分布図と日本の過疎・過密地域の地図を重ねた資料を提示し、班ごとに各発電所の分布の特徴とそこに立地している理由を考え、ホワイトボードにまとめさせた。

各発電所の立地に関しては、水力が内陸部にあり山がちな地形であることから、ダムの建設がしやすかったり、水流が速く水力発電に適していることなどが出された。また、火力や原子力については、大量の水を必要としているため、沿岸部に多いということが出された。火力と原子力の違いについては、火力は都市部を中心に、原子力は都市部から離れたところに立地していることに気づいた。

課題追究の段階で時間がなくなってしまい、「なぜ、首都圏の電力を福島県は供給していたのだろうか？」については、次の時間に扱うこととなった。班での話合い活動を取り入れたり、まとめを取り入れたりしていくとどうしても一単位時間＝五〇分での授業構成が難しくなってしまう。次の時間は東北地方に入る予定であったが、前の時間の残りを約三〇分で行った。

次時は、班ごとにまとめた立地傾向を発表することからスタートした。ここでは、ホワイトボードを利用し、簡単なプレゼンを行った（写真参照）。教員側が予想していた意見とほぼ同じような意見が出された。原子力発電に関しては、「人口が少ないところ」という意見が多く出され、その主な理由として、事故対応があげられていた。

「福島の現状をプレゼンする」

そして、私の方から「福島県の浜通り地方に震災前まで一〇基の原発があり、さらに増やす計画がありました。なぜ、福島県にはこれほどの原発が集中していたのだろうか？　今回、学習したことから、考えられることをまとめなさい。」と投げかけ、五分程度時間をとり意見をまとめさせた。主な意見は、次の通りだった。

・福島県は、面積が広く、人口が少なく、東京から近くも遠くもない。最高の土地だったからではないか。
・人口が少なく、沿岸部が多く、土地が多かったから。これといった観光地でもないので人が集まらない。そのため、人を集めるためにはお金が必要だったから。

・原発建設すると…村・町（財政難）メリット①：作業員が町で暮らすので町が活性化　メリット②：億を超える助成金↓村や町の経済は活性化↓また、原発をつくろう!!

班ごとの意見交流で主として「事故のときに人口が少ない必要がある」という意見が大勢を占めていた、「原発がいなか」に立地するということは生徒たちに共有化が図れた。「お金を得るため」ということは、何人かの生徒のみであり、実際にどのくらい入るのか疑問に思った生徒が多かったようである。最後に教員から、「福島に原発がつくられた理由を福島の側から見るために、東北地方の最後でもう一度行います」と伝えた。最後に授業の主な感想を紹介したい。

・とても良い勉強になった。一日の電気の消費量が多くて驚いた。原子力の代わりとなるような発電量の多いしくみになりそうなものはないか。ほかの国は、放射性物質の処理をどんな風にしているかを知りたい。
・なぜ、福島に原発を置いたのかとても疑問。別に、広さ的には北海道に置いてもよさそうなものなのだが。
・世界にはどのくらいの原子力発電があるのか疑問に思った。
・なんでこんなに福島に多いんだろうなと思っていたけれど、今回の授業で少しわかった。けれど代わりに水力発電や火力発電を増やせばいいと思う。

東北地方の最後に「なぜ、福島に原発が」という小単元を加えて授業を行った。この授業については、どちらかというと教師側がプレゼンをしながら解説をするという形になってしまい生徒の反応はいま一つだった。だが、前に「わからない」と考えていた生徒たちも、具体的に福島県や浜通りが「原発マネー」に漬かっていく様子を学習し、初めて知ることが多かったようである。そして、それが原発に対する疑問として出てきたようであった。具体的な事実を学習することで、自分たちが置かれている状況を再認識し、自分たちの問題として考えるきっかけにできる可能性が見られた。

4　福島の復興について～三年生の授業に向けて～

福島の復興についても、同様にアンケートを取ってみた。その結果は、「復興」は進んでいるように思うけど、その内容はよくわからないという意見が圧倒的であった。約二割程度の生徒は「まだ復興していない」と答えていた。福島市は、原発事故で現実的に避難区域になっているわけではないし、生徒たちや親たちの生活もほぼ平常の様子になっているので、実感を伴って『復興』という意識は持っていない生徒が多いのが現実であろう。

これに関しては、社会の授業では取り上げることは難しいので以下の視点から、三年生の総合の時間を使い、生徒たちと共に考えていきたいと思う。

①人口に関して（震災前と現在の大きな違いなど）

②食に関して（米と漁業など）

③働き口に関して（仕事面や観光など）

④産業に関して（第二次産業や第三次産業について）

⑤新エネルギーの在り方（太陽光や風力の可能性）

などをテーマにしながら、福島の三〇年後を具体的に考えていきたいと思う。

さらに、「福島の三〇年後について」意見を書いてもらった。それを見ると「よくなっている」と感じる生徒もいれば、もちろん「より悪くなっている」と感じる生徒もいる。これらについて生徒たちが根拠を明確にできるように調べていくことで、福島に住んでいる私たち自身が、福島をどのようにとらえ、福島の今後を考えるきっかけになればと考えている。

おわりに

私自身授業を構成しようと考えるとき、できればAという意見があれば、このAに反対する意見を提示するように心がけるようにしている。実践記録の中にも書いたが、保護者の中に様々な意見があることを前提に授業を行うことが大切なのではないかと最近、強く考えるようになったためである。

二〇一四年度の私の学級に『在特会（在日特権を許さない市民の会）』の考え方に心酔している生徒がいた。この子に対して、私は「考え方に偏りがあるから」とか、「間違っている」と本気になって議論をしたことがあった。その子は頑なに自らの意見を変えようとはしなかった。私は私が自分の考えを彼に押し付けていることに気づき、話のスタンスを変えてみた。私の考えを彼に押し付けるのではなく、いろいろな考えを知るべきではないかと話すようにした。その後、彼は「在特会」だけではなく、それ以外の考えも自分の中に取り込み、一方的な考えだけは言わなくなった。

震災と原発事故から間もなく五年が過ぎようとしている。間違いなく当時の記憶は風化しつつある。福島で生活していく以上、福島の現実と未来を見据え、様々な考え方に触れていくことで、生徒たちの意見形成が図れればと思う。

Ⅲ

教室に学びをつくる

実践記録

ことばのある場所を学びあいの世界にする

兼口　大（神奈川）

1　学びを創る

私は授業のなかで、次のような場を創るようにしている。「あっ、面白そう」と感じられる学習材と出会えるような場であり、子どもたちの「世界」を規定しているであろう見えにくい、感じにくい「社会」と出会えるような場であり、意識的にしろ、無意識的にしろ、子どもたちの生活が見えてくるような場である。

私は場を創ることと、同様に大切だと思うことは、子どもたちのことばを大切にすることである。もし教師が授業のなかで「目標（めあて・ねらい）」を意識しすぎてしまうと、子どもたちのことばを表面的に「目標」と近い言葉だけを選りすぐりしてしまう。子どもたちも無意識のうちに教師の思い描く言葉を探し出す。そんなことを積み重ねていくうちに、自分のことばを語ることができなくなってしまう。また「まとめ」に対しても、子どもたちのことばを聴きながらも、結局は教師の言葉でまとめてしまう。子どものことばはどこに消えてしまうのか。

私はできるかぎり子どものことばを大切にしていきたいと考えている。楽しいと思える学習材と出会ったときにわき出ることばであり、それぞれの子どもたちの生活と結びついたことばであり、そして他者のことばに触発されて現れたことばである。

2 「社会」へのまなざしを育む

(1)「今」を考える

授業の構想を練るときに、年間を通したテーマみたいなものを自分のなかで設定している。それは「子どもたちの『世界』を規定しているであろう見えにくい、感じにくい『社会』と出会ってほしいからである。言い換えると、知らない間に「社会」に取り込まれるのではなく、「他者」からの呼びかけに応答して「主体」となってほしいという願いがあるからだ。

クラス替えがあったが、五、六年と持ち上がったときの授業構想である。五年生のときは、交換授業で私が社会科を担当していたので、農業や漁業、メディアを扱ったときに「福島」「原子力発電所と放射能」という視点からの学びを創った。例えば、放射能の影響により米を作ることができない農家、また試験的な漁業しかできない漁師、そしてメディアでは、放射能による飲み水の問題に対する各新聞社の記事の違い、また川内原発再稼働に関する社説の各新聞社の違いを扱ってきた。これらの授業に関連して、ＮＨＫスペシャル『二一人の輪』(注1)も視聴した。

六年生では東日本大震災や沖縄の基地問題、路上生活者の問題など見えにくい「社会」問題と、ＮＰＯなどで活躍している人々について学ぶことを考えた。例えば、社会科では、辺野古新基地建設問題を扱いながら、内閣総理大臣や地方自治のことに触れ、高浜原発再稼働では、司法と憲法について知り、総合的な学習の関東東北豪雨の被災者への取り組みと関連させて、常総市の取り組みから地方自治について考え、路上生活者と路上生活者を襲撃してしまう子どもたちの問題を扱いながら、基本的人権について学んだ。また総合的な学習では、関東東北豪雨の被災者への取り組みをし、バザーで募金を集めたり、現地のＮＰＯの方たちとコンタクトを取り、被災者へのビデオレターを作ったりした。路上生活者の問題では、市内で路上生活者の支援にかかわっているＮＰＯの方から話を伺ったり、質問をしたりした。

国語科では「辺野古新基地移設」の問題を扱っていたので、いぬいとみこ作の『川とノリオ』(注2)を通して戦争を考えるきっかけになればと考えた。保健の授業では、「命」という側面から東日本大震災について考えた。(注3)

社会科の授業で「辺野古新基地建設」を扱った単元計画である。

①②各新聞社の社説を読み、新聞社によって「辺野古新基地建設」への立場が違うことを考える

③④戦後の沖縄について、米軍基地という視点から状況を考える

⑤⑥米軍基地を辺野古へ移設することについて、討論する

⑦⑧辺野古移設ではなく、県外の子どもたちが住んでいる市内に移設することについて、討論する

この授業の討論についてであるが、普天間飛行場を辺野古に移設するのに賛成は一二人で、反対は七人だった。それ以外の子どもは討論の判定者が八人、司会進行が二人であった。討論の結果、反対派が勝った。次に普天間飛行場を県外移設となる子どもたちが住む市内に移設することに対しては、二九人が反対で、二人が賛成だった。これに賛成した二人は、「ここで反対派に回るのは、筋が通っていない」と訴えた。

(2)「命」を考える

保健科の授業で「命」を扱った単元計画である。

①②NHKスペシャル『ガレキの町の子どもたち』(注4)を視聴し、感想を書き、交流する
③東日本大震災を体験した中学生の作文を読み、感想を書き、交流する
④身体を感じ、「命」とは何かを考える

この授業のなかで達哉や紗英が書いた感想である。二人の生活が見える感想だと思う。

命は人間になくてはいけないもの、なぜなら命がなければ生きていけないことになるから。生きていないということは、家族もいないことになります。でも、命があれば、何でもできるから。だって命があれば、病気ともたたかえるから。亡くなった人は死にたくて死んでいるわけでもありません。ぼくは千代ちゃんの気持ちがわかります。千代ちゃんと同じ気持ちになりました。母が死んだとき、ぼくもずっと信じていませんでした。千代ちゃんは母が津波で流されたから、すごく悲しいと思います。町まで破壊されて、家も壊されました。それなのに、どうして千代ちゃんが泣かないのか、ききたいです。でも千代ちゃんの気持ちは、まわりの人に迷惑をかけたくないという気持ちから、自分を強くしているのだと思います。(達哉)

作文を読んだ時に、遺体を見つけても泣いていないことに気がつきました。私だって、弟が死んだときは泣けませんでした。急にこの世を立ち去られても、受け入れられませんでした。

死にたくて死んでいるわけじゃないのに、いなくなってしまった二人のそんな気持ちがわかります。命について深く考えたことはありませんでした。「失って、初めて気づくもの」。それは本当に当てはまると思います。忘れられても、休むことなく働き続ける、そんな命に感謝することを忘れていたような気がします。今もだれかが命を落とし、悲しみ、傷ついていると思います。

だれかのために生きて、命を失うことは、本当にあることです。だから私は命に感謝して生きていきたいです。（紗英）

次のように国語の『川とノリオ』と関わらせて感想を書いている子どもがいた。

ぼくは、この文章を読み、一つだけわかったことがありました。それは文章の人のほかにも、世界の人の共通点です。それは「友だち・親・祖父・祖母・知人」のだれか一人でも亡くなったら、最初は絶対に死を信じない人がいるということです。

最近、国語でやっている『川とノリオ』でも同じようなことが書いてありました。それは「母ちゃんはヒロシマで焼け死んだという」の文章と、最後の「母ちゃん、帰れよう…母ちゃん、帰れよう…」の二つの文です。ノリオも同じ経験をしていると思いました。

（3）見えにくい「社会」を考える

「路上生活者」と「路上生活者を襲撃してしまったゼロくん」を考えた授業の計画である。(注5)

① サトル（学級にいる子ども）の作文を読んで、感想を交流する
② ＮＨＫカラフル『ロッテ〜人の役に立ちたい』を視聴し、感想を交流する
③ ＮＨＫ道徳ドキュメント『もう一度働きたい』を視聴し、感想を交流する
④『ホームレスと「出会う」子どもたち』を視聴し、感想を交流する
⑤ 憲法から「路上生活者」と「路上生活者を襲撃してしまったゼロくん」を考える
⑥ 前時の感想を交流する
⑦⑧ 市内で「路上生活者」を支援している人の話をうかがう

授業計画の⑤の後の感想である。この授業の前までは、路上生活者を襲撃してしまう人は、「最低だ」「理解ができない」「ひどすぎる」「自分がやられたら、どう思うのか」などという考えだった。この授業では路上生活者を襲撃し、死亡させてしまった「ゼロ君」へ焦点を当て、感想を交流した。

・ゼロくんは人を殺しているんだから、かわいそうにいれる意味がわからない。

・「自分を見ているようで腹が立った」（ゼロ君が路上生活者に対して）は、なんかゼロ君に共感できなくて、何とも言えない。

・僕がゼロくんの立場だと、同じことをしたかもしれない。ああやって、ホームレスの人を最初は気づかっていた。多分、心優しい人間だと思う。でも、いじめられてたのを思い出したから、ああなった。そのいじめてた人たちはどんな気持ち？そんなめちゃくちゃな人生だと、こっちまでくやしくなる。見返してやりたいと思う。

・ゼロくんじたいが悲しいかたまりだと思う。なぜかというと、ゼロくんは相談する人もいなくて、家族にも会えない、仕事ができない、こんな悲しいことがあり、ゼロくんが一番つらかったのかもしれない。

・ぼくはしんぱいだから腹が立つに変えたいと思います。なぜかというと、ゼロくんが殺してしまった一つの原因がしごとがないことだったので、ぼくは全国のホームレスや障がい者を受け入れてくれない会社に腹が立ちます。

様々な感想があった。いろいろな思いや考えを重ね合いながら、子どもたちは自分の「世界」を問い直していくこともあると思う。路上生活者を死亡させてしまったので、最初の二つの意見はもっともである。そんななかで、「home」とは何かを感じている子どもたちもいた。そして感想の交流では、最後の二つの感想や、後に書かれている香織の感想にも何人かの子どもたちは共感していた。

3　ことばが漏れ出す学びにおける子どもたちの関係性

(1)「しごと」という学び(注6)

「しごと」という学びであるが、ある程度の時間を子どもたちに保障する。例えば、一学期は十七コマという時間を子どもたちに保障する。または二学期など、「しごと」という学びに慣れてくれば、毎週一コマ「しごと」の時間に当てる。

子どもたちは一コマで「詩」(「詩を選び、視写する」「詩を暗唱する」「詩を創作する」)、「朗読」、「ことば遊び」(「しりあわせ」「アクロスティック」、「漢字を創ろう」「部首作文」)、「本の紹介」(「ポップづくり」)などに取り組む。その時間毎に何をやるのか子どもたち自身が決める。また学習計画表のようなものがあり、何をやるのか日付と、やった場所に色を塗る。これは子どもたち自身が計画を立てることと、自分の学習の足跡を残すことになる。

子どもたちは、一コマ（四五分）で「ことば遊び」「詩の暗唱」「詩づくり」と三つくらい取り組むこともある。あるいは詩を考えつづけて終わることもある。子どもたちができる限り自分のペースで「しごと」に向き合う。また子どもたちが暗唱した詩や創った詩やことば遊びは交流する。一コマの最初の一〇分間や、朝の読書タイムなどを交流の場にする。

(2) しごとにおける子どもの表現

①ことば遊び
ことば遊びには「あいうえお」作文のようなアクロスティックがある。自分の名前を使ったアクロスティックや名詞を使ったアクロスティック、一つのひらがなから始まるアクロスティックなどいくつかの種類がある。いくつかアクロスティックを紹介する。

まず、名前を使ったアクロスティックは、子どもたちの意外な一面がわかる。「みんなから優等生と思われていた」子どもが、「自分のことを家では兄弟が二人いますが一番弱くて、ドジ」と表現をした。

その彼女が徐々に自分のことを語り出した。例えば、日記に次のように書いた。

昼休みと五時間目、大縄をしました。私の目標は連続とびです。頭ではタイミングはわかっていますが、トラウマのせいで、体が動いてくれません。トラウマの他にプレッシャーもあります。私の上には兄が二人います。兄が何か間違えると、母に叱られます。兄が二人もいるので、なおさらです。だから、私にとってミスなどは絶対にいけないこととなっています。

この日記を書いた彼女は、「親の気持ち」という詩を書いた。

親の気持ち

どうしてこうなったの
こんなふうに育てた覚えはない

勉強しなさいと言っても聞かない
ゲームの時間は守らない
電子機器からはなれない
朝　自分で起きてこない

でも
子どもに
子ども時代の私が
重なって見える

叱りたい相手は自分の子どもと
私だったんだ

また自分のことを「すぐにかっとなり、ずっとひきずり、たくさんケンカもする」というような表現をした達哉は、まだまだかっとなりやすいが、以前ほどではなく、いやなことがあるとずっとひきずることもなくなった。自分のことを表現できるということは、ある程度自分を客観的に、しかもありのままの自分を肯定的に見られるようになっていると思われる。

次に、名詞のアクロスティックである。「しあわせ」や「ツッパリ」ということばも子どもたちが選び、それに合うようにアクロスティックを創る。「ツッパリ」を創った子どもは、みんなを笑わせるようなことをあえて全体で言うような子どもではないが、彼女がこのような表現をしたことで、クラスが「笑い」に包まれた。

しあわせ
「し」しんせつな人がふえて
「あ」あんしんできる
「わ」わらいあえる
「せ」せかいがしあわせ

ツッパリ
「ツ」ツンツンしたあたま
「つ」つるつるしてない
「パ」パリパリしたあたま
「り」りかいするのがおそいあたま

最後に、同じ文字から始まるアクロスティックであるが、こんな作品があった。「う」から始まり、一つの物語になっている。なんとなく「笑い」がある物語だ。こういう作品が交流される空間はほっとする。

「う」

うしが
うみで
うきわにのって
うかんでいたら
うしろから
うまがきて
うんちくをいいはじめた
うるさいなぁといったら
うん。といわれた
うわぁー。と思った
うまはかえっていった
うみにもぐってかんがえた
うきわがない！と

②詩の暗唱

市立図書館から借りた詩集五〇冊と私が持っている詩集から子どもたちは自分が気に入った詩を視写して、暗唱する。子どもたちが選ぶ詩にはなにかしらその子どもたちなりの思いが反映されている。

やなせたかしさんの詩『無人島の幸福(注7)』を選んだ子どもがいた。彼は目を合わすことが苦手で、話すときもほとんど下を向いている。その彼が一学期に選んだ詩だ。私はこの詩を彼が読んだとき、人といることの彼のつらさを表しているのかぁと感じた。そんな彼だったが、徐々に友だちと笑顔でじゃれあって遊べるようになり、教室を走り回っていた。その彼が二学期に次のような日記を書いた。もしかしたら、彼のなかで「幸福」のとらえ方が一つ増えたかもしれない。

> 今日の講話朝会で、一〇三冊本を読んだ子が表彰されてた。いっぱい本を読むってことは、遊ぶ相手がいないのかな。ぼくも五年生の一、二学期のころは、遊ぶ相手がいなくて、いっぱい本を借りて読んだ。五年生の一、二、三学期すべて合わせて、六九冊で、学年二番だった。だから、あの子もいないのかなって思った。

③子どもたちが創る詩

様々な表現があり、聴いているとやっぱり楽しい。

「へんなひと」という詩があった。これを書いた子どもは「変わり者」だと思われていた。そんな彼は四年生まで学校は「ただ来て、すぐに帰る」場所でしかなかった。

へんなひと

へんだなーとおもい
へんじをかけられても
へんじをしない
へんだなーとおもっていると
へんだなーとあいてからおもわれる
へんっていってると
へんになったじぶんがいた
へんだなーといわれて
へんっていってたじぶんが
へんになった
へんなんてもうつかわない
へんっていうことばがへんだ
へんっていったこにあやまりたい　なまえもしりたい
へんっていってごめんね
へんっていったこはてんこうせい

へーこのがっこうってこんななんだ！
へーきみのなまえもわかった

五年生になり、一緒に遊ぶ人が増えた。この詩を読むと、彼自身「変」と思われていたことを自覚していたのだなと思った。しかし、この詩から「変だって、別にいいんだぁ」とありのままの自分を肯定的に受け止めているように感じる。

また「じてん」という詩も書いた。四年生までほとんど自分の世界で生きてきた彼が様々な友だちと出会うなかで、友だちの気持ちを理解することの難しさを実感したようだ。これは彼にとって、大切な第一歩であったように思える。

じてん

じてんは　ことばのいみやかんじをしらべられるけど
きもちのひょうげんのしかたは　のっていない
なぜだろう
それは　みんなきもちのあらわれかたが　ちがうから

「てんびん」という詩を書いた子どもは、生まれたときから心臓に重い障がいを抱えている。彼は五年生のとき、じゃれ合うような身体接触はしていなかった。その彼が六年生になり、たたかいごっこのようなことをするようになり、ケンカもできるようになった。今だから、書くことができた詩のような気がする。

てんびん

人間は平等にてんびんのように
生きている
それがくずれると、ななめになる
そして争いが起こる
ななめ上の人が強い人で
ななめ下の人が弱い人となっていく
でもけんかが起きても
てんびんが平等なときもある
一対一のときだ
二対一や三対二は平等ではない

けど一対一ならてんびんがくずれることなく
けんかができる
そして今知った
てんびんはどこにあるのか
それは
みんなの……心の中だ……

六年生の二学期頃から「いじめ」を連想させる詩が出てきた。その後、いくつも「いじめ」の詩が重なり合っていった。子どもたちは「いじめ」という世界を受け止め合っているようだった。

　正直な気持ち

今　表で笑ってる
いじられて　笑ってる
でも心の中は？
笑ってる？　いいや

泣いている
正直に　なれない
自分が　憎い

いじめ

僕が校舎裏を通ったら、
人がいじめられていた。
あっ・・・
僕は立ち止まった。足がふるえて
あたりは静かに、
いじめてる人と、いじめられている人の
さけび声だけが聞こえるだけだ。
なぜか、足が前に出ない。
人がいじめられているのに。

助けてと言っているのに。
なぜうしろに下がるんだ。
助けたいと思っているのに。
でも少しこわい。
助けたら、僕もいじめられそう。
でもかわいそう。
僕は決めた。

「ごめん・・・」

僕はやっぱりこわかった。
ふりむくことができない。
うしろから「まって」と聞こえる。
でもふりむいてはだめだ。ぜったいに・・・
僕は後悔した。
どうして逃げたんだ、と・・・・・・

4　子どもたち一人ひとりの学びから

（1）「命」と向き合う紗英

保健の授業で「命」の学びをしたときに、彼女は感想で弟の死について触れていた。その彼女は「しごと」においても、工藤直子さんの詩『花』(注8)を選んだ。彼女のなかで、無意識なのか意識的なのかわからないが、弟の死と命とは遠い存在ではないことがわかる。

花

工藤直子

花がひらくというのは
花が死ぬことでしょうか

いのちのおわりが美しい――
一瞬そう思うことがあります

花がひらくとき
花と向かいあって坐ります

そしていのちを思います

二学期になると、「シャボン玉」という詩を書いた。ここでも彼女は、弟の死と命について考えていた。考えることで、弟の死をどうにか受け入れようとしている彼女がいるようだった。

シャボン玉

今日も天気だなあ
なんて言葉も
話せない　短い命
誰かに呼ばれた気が
するんだけれど　僕は
他の誰かに呼ばれて、

たかく、たかく。
夜になる前に、
君に会う前に、
命が無くなるから・・・

あ。

学びを通して、自分の「世界」を少しずつ語り出し、弟の死や命と再び出会い直しているようである。

(2) 自分の思いを伝える達哉の変化

五、六年生で担任していた達哉がいた。達哉は自分の思いが通らないと、キレて、どこかに行ってしまった。またキレると「死ね、死ね、死ね……」と繰り返し、ぶつぶつと言った。達哉は友だちのことばをすべて否定的にとらえていた。そんな達哉だから、同学年と遊ぶことができず、放課後などは二学年下の弟とその友だちと、または一学年上の人と遊んでいた。同学年と遊べなかった彼が五年生になり、学級で遊べるようになった。もちろん、彼が学級で遊べば遊ぶほど、トラブルが多くなったが。

トラブルが多くなっていた達哉であるが、授業にも徐々に参加するようになった。わからないことをわからないと言えるようになり、また私も意識して達哉のつぶやきを授業のなかで取り上げるようにした。徐々に達哉は考えや思いを授業のなかで伝え始めた。

「しごと」という学びでは、様々な人のしりあわせや詩の暗唱を楽しそうに聴いていたり、発表者のしりあわせを聴いて、「こんなのもある!」と付け加えたりした。

しばらくすると、達哉が「あられ」という詩を書き、発表した。この「あられ」を書いたとき、ちょうどあられのようなものが降っていた。おそらく達哉はそのあられをみて、達哉のなかにある何かがひっかかり、ことばが生まれ出したのだと思う。達哉が「あられ」という詩を発表した時、子どもたちはじっと聴いていた。聴き終わったときにある子どもが「なんか、わかるなぁ」とつぶやいた。

あられ

あられといっても
いろいろあって
わからない

食べもののあられ
てんきのあられ
でもあまいあられ
といったらわかる
つめたいあられ
といってもわかる
やっぱり
わかるってことは
こころがつうじている
とおもう
ぎゃくにあいての
心がわからない時
ケンカをしている時
そうやって人は
できているんだな
そういうふうに
いまじっかんした

達哉はこの詩を発表する前後くらいから、キレることも少なくなり、トラブルが起きてもその場から離れずに、自分の思いを冷静に伝えられるようになった。六年生になった今では、自分の思いを伝えたり、相手の思いを聴いたりするなかでトラブルの解決の道を探し出せるようになっている。

六年生になった達哉は「雪」という詩を書いた。「雪」という詩を読むと、達哉がものごとを肯定的に捉えられるようになってきたのではないかと思えた。詩のなかにユーモアがあり、つまりは達哉のなかにもユーモアの感覚がでてきたのではないだろうか。

雪

雪というものはいじわるだ。
雪というものはさいあくだ。

でも雪というものもいいことを
するときもある。

たとえば、ホワイトクリスマス。

それ以外にもあるが、
つぎはものだ。
ゆきだるま、ゆきだま。

まだあるが、つぎは遊びだ。
ゆきがっせん、ゆきの山に飛びのり、

あ～たのしい、
　雪の悪いところって、
　　なんだっけ～。

（3）仲間へ語り出す香織

香織はいつもムスッとした表情でいて、攻撃的にたたずんでいた。しかし、異常に緊張しているようにも見えた。本当は人とかかわりたいのだけれども、うまくかかわれないから、かかわりたくないというオーラを出して自分を守っているという感じだった。授業中でもムスッとした表情でかかわらないオーラを出し、ときには机に突っ伏して学ぶことを拒否もしていた。授業中に男子が「大丈夫?」とか、「わからないの?」と話しかけられても、香織は「応えない」という仕方で応えた。
そんな香織だが、少しずつ日記で自分のことを表出してきた。

私は休み時間、たまに一人でいることがあります。みんなにはかくしていますが、あまり私は人とかかわるのが、ニガテです。かんたんにいえば、人間ギライです。知っている人は平気です。でも知らない人、あまりしゃべったことがない人はムリです。私は人をよくウザくさせてしまうので、まわりからきらわれているんだと思います。でもボッチ(ひとりぼっちのこと)上等な気持ちでいるので、ボッチでも平気です(笑い)

香織は「みんなにかくしていますが」と言っているが、まったく隠していない。見れば、すぐにわかるくらい人とかかわるのが苦手そうだった。こんな強気な彼女だが、徐々に表出のことばが変わってきた。

私は家のことで悩んでいることがあります。妹がうまれてから、親に対して口にはだしにくいなやみがあります。

彼女はなかなか打ち明けられない悩みをかかえていた。そんな彼女が国語科や社会科の学びのなかで徐々に自分を表現するようになった。例えば、いぬいとみこ作の『川とノリオ』という物語のなかで、Ｂ29が頭上を飛び、防空壕で息を潜めていたノリオと母の様子が書かれている段落を読んだとき、以下のような感想を彼女は書いた。

今日の二時間目に『川とノリオ』をやりました。私は夏の部分はすごく重い部分だと思います。なぜなら、夏の部分には戦争があるからです。夏の部分の中で「なぜか、せみのなき声はやんで」のところが、人間の死を表している気がしました。理由は「なぜか」が、戦争の中の何かを表している感じがしました。夏の最初のほうで「せみのなき声も川の音も聞こえない」というところから、人間の死のことへつながりました。「せみのなき声はやんで」のところは、人間の声がしない＝戦争で死んで、声がしないという意味になります。「母ちゃんのひきしまった横顔」は、みんな戦争で死んでしまい、生きているノリオを守る決意のように感じます。でも、生き残ってしまった悲しみを表しているようにも感じます。いつ、また戦争がはじまって、日本がせめられるかわからないじょうたいの中で生きていくのはつらいことです。そんなつらいなら死んでしまったほうがいいと感じる人もいると思います。『川とノリオ』はそんな悲しい戦争、かあちゃんと父ちゃんをうしなったノリオの話だと思いました。

机に突っ伏していたり、かかわることを拒否していたりした彼女が、『川とノリオ』の学習においては班の人に彼女の読みを語っている姿を目にした。まだ表情は緊張していたが、彼女なりにことばを紡いでいた。こういう感想を交流していくと、授業のなかでつぶやいたり、発言をするようになったりした。

『川とノリオ』の学習を終えたときに、次のような感想を書いた。

川とノリオは読み込んでいくと、スゴく面白くて、疑問があって、感じ方も人それぞれで、話し合いをしていて、みんなの意見を聴いていて、スゴく楽しかったです。この人の意見と自分の意見が似ているなぁと思うこともあれば、私はこんな考え方はできないなぁ、スゴいなぁと思ったり、この人とは意見が違うなぁなどと、思いました。最後のクラス全体の話し合いでは、話し合いをひっぱってくれる人が何人かいて、意見を言っている状態でした。私は自分が意見を言えば、誰かが応答してくれるかな?と思って、意見を言いました。応答してくれる人がいて、うれしかったです。

彼女は、応答してくれる人がいることがうれしく、安心して少しずつ自分の考えを語り出した。社会科で「路上生活者」と「路上生活者を襲撃してしまうゼロ君」を学んだとき、彼女は次のような感想を書いた。

今日の社会のことについてです。私はずっと「どうして路上生活者の人たちに暴力をするのか」がわかりませんでした。でも、今日ゼロ君が暴力をふるってしまった理由を聞いた時、私はなんか、すごい無力感?を感じました。理由は、ノートにも書きましたが、ゼロ君を犯罪の道から助けてあげられなかったからです。ゼロ君はイジメられていました。でも、イジメられていた過去は変わらないし、それはどうにもできないけど、もしゼロ君が抱えていた苦しみを誰かに話すことができたら、ゼロ君が犯罪に走ってしまうことを防げたんじゃないかなと私は思います。私もつらいことがあると、誰かに話してスッキリするし、それに自分と同じことで悩んでいる人を見つけて共感したりします。ゼロ君はきっと自分の中に閉じ込めていて、それでホームレスの人を見て、自分と重なる部分を見つけてしまったから犯罪をおかしてしまったんだと思います。

香織は「私もつらいことがあると、誰かに話してスッキリするし、それに自分と同じことで悩んでいる人を見つけて共感したりします」と書いた。香織はゼロ君に話しかけながら、自分のことを見つめ直しているように思えた。

5　おわりに

社会のなかにある見えにくいことを学び、ことば遊びや物語を読むことを通して自分を表現することを学んでいく。その過程で子どもたちは自分自身と対話する。また子どもたちは学んだことをことばにして、互いに交流していく。そのなかで、それぞれの考えや感じ方をそれぞれで受け取る。

こういう授業を地道に繰り返すなかで、子どもたちは少しずつそれぞれの「世界」を広げていく。子どもたち一人ひとりの「世界」がどんどん広がれば、より多くの人が生きやすい社会が訪れると思っている。

【注】

（1）東日本大震災で被災した福島県相馬市の小学校六年生が、何を考えどう過ごしたのか、卒業までの一年間を追ったドキュメンタリーである。

（2）いぬいとみこ作の『川とノリオ』は、私の市では扱われていない教科書に載っている。

（3）学校体育研究同志会『たのしい体育・スポーツ』二〇一五年六月号に掲載された制野俊弘氏の実践を参考にした。

（4）東日本大震災で被災した岩手県大槌町の小学校六年生を追ったドキュメンタリーである。

（5）今回の授業計画は道徳、社会科、総合的な学習の時間を組み合わせて立てている。ここでは、

NHK for schoolのデジタル教材や「ホームレス問題の授業づくり全国ネット」制作のDVD教材『「ホームレス」と出会う子どもたち』、生田武志、北村年子著『子どもに「ホームレス」をどう伝えるか』（太郎次郎社エディタス、二〇一三年）を扱っている。

（6）しごとの実践だが、基本的には国語科として私の場合は取り組んでいる。しごとの内容もここでは国語科に関するものである。この実践のヒントは西口敏治氏の実践から得ている。西口敏治『詩が大すきになる教室』（さ・え・ら書房、一九九五年）、西口敏治他編者『ことばを育む教室』（つなん出版、二〇〇五年）、本谷宇一『子どもが「発問」する学びの教室』（一光社、二〇一一年）

（7）やなせたかし『幸福の歌』（フレーベル館、二〇〇一年）

（8）萩原昌好編集『日本語を味わう名詩入門〔第3期〕⒅工藤直子』（あすなろ書房、二〇一三年）

実践記録

生き生きした学びが生まれる教室づくり

植田　一夫（滋賀）

はじめに

今、教室は、二つの側面から「学んで良かった」と言える実感を味わうことから遠ざかっている。一つは子どもの側から、能力主義にからめとられ「学校知」を習得することを目標にしている子どもたち、もう一方で系統性のない過密な教育課程を押しつけられ落ちこぼれていくことを余儀なくされている子どもたち。この子たちにとって授業は「学んで良かった」と言えるものにはなっていない。教師の側から見れば、学テ体制や教員評価体制の中で教科書を何の疑いもなく教え、授業づくりに力を注げない現実がある。子どもや保護者とのトラブル回避のために精力を使い、明日をシミュレートすることに追われ、子どもの実態を分析したり教材研究する時間を奪われ、自分の要求に基づかない研修に時間を割かれる。こんな現実があって教師も「学んで良かった」という状況を味わうことができなくなってきている。

1　大切にしていること　基本方針

(1) 子どもたちが授業に参加する仕組み作り

私は、子どもたちが授業に参加する仕組み作りとして二つのことに取り組んでいる。一つ目は「全員発言」を班活動の一つに位置づけ、学級ができてそう遅くない時期に達成する。教師はわざと発言の機会を増やし、なにげない発言を取り上げ評価する。発言できない子には班での取り組みを組織して、その子の発言を保障する。そこで、発言した事への達成感を自信に変えて、「発言して授業に参加すればおもしろい」「授業がよく分かる」という実感を学級全体の雰囲気にしていく。

二つ目は、漢字テストの取り組み。漢字テストの一〇問を宿題で三回取り組んだらテストというサイクルで回す。班で目標を立てその目標に向かって共同学習する。漢字の苦手な子には班で取り組んで目標が達成できるように取り組む。この取り組みで目標を持って取り組むことの重要性と自分の可能性を実感し、平均九〇点を下回らない取り組み姿勢を作っていく。

(2) 教材研究

教材研究の観点は、第一に子どもたちの実態との関係。教材が子どもたちの生活に根ざしているものか、それとも子どもたちの生活からかなり遠いところにあるものなのか。後者の場合なら、子どもたちに豊かなイメージがわくような工夫が必要になってくる。第二に教科書検討。科学としてこの導入でいいか。指導計画はいいか。子どもの実態からこの展開でいいか検討する。その結果、指導順序を入れ替えたり、別の教材を用意したりする。

第三に、特に社会科などよくあることだが、教科書が使えないので、始めから地域教材を手作りする場合もある。フィールドワークから始めて、この教材はねらいを達成するための典型的な教材になるか慎重に検討を進める。

(3) 授業づくり

こちらが持っている指導案は、あくまで案。子どもたちが参加する仕組み作りが進んでいると、子どもたちがこちらがいうことに、質問したり、意見を言ったりすることが増えてくる。その時、私はいつも教師の物事のとらえ方の狭さを実感する。そして、子どもたちに教えられたことに感動し、受け入れ、指導案を変更していく。「教えるものが教えられる」というが、正しくそれが起こったとき、学びは一つ高くなる。その後の指導計画をも変えてしまう。授業後には感想を子どもたちに求める。そこに書かれた意見も授業づくりの重要なヒントになる。「分かりません。教えて下さい」をはじめとする子どもの意見で以後の授業を組み立て直す。子どもたちの感想を学級通信に載せて次の授業の出発点にする事も重要な授業づくりになる。

2　生活から出発することの大切さ　五年生　理科「てこの働き」

「てこ」は今子どもたちが生活の中で意識しているものではない。だから、「『てこ』って何？」って聞いてみても、「てくび」「おでこ」などと返ってきたり、教科書を見た子どもたちから「てんびん」と返って来る。「てんびん」と答えた子どもたちに「それ何」と聞いても「てこ」との関連で明確に説明することはできない。そこへふだんはなかなか授業に参加できない子が「お好み焼きをひっくり返すときのへら（こて）」を出してきた。これも直接はてことは関係ないが、おもしろい素材なので取り上げ、お好み焼きを載せる平たい部分に半円を開けて「栓抜き」に変身させたり、教室で良くやる「シーソー式の消しゴム飛ばし機」で遊んだりした。その後、これらの共通点から支点、力点、作用点を教えた。そして、数人がかりでやっと持ち上がる運動場の重たい式台をてこを利用して簡単に持ち上げることを実験した。その当時はやっていたCMでジャワカレー方式（支点が中にあるてこ）、ファイト一発方式（支点が外にあるてこ）パンばさみ方式（力を弱めるてこ）などと名付け、生活の中でのてこ探しをして生活を科学して見せた。

3　目の前にいる子どもから　四年生　総合学習

四年生の担任になったとき、クラスに食物アレルギーがあり、アレルゲンの食物を摂取したときのためにエピペンを持つ志乃がいた。給食ごとに対象食を除去し、特別食を用意する。そのため、給食ワゴンを運んできたら、すぐに配膳する前の食器をその子の席に置く。配膳が始まって給食が付着するのを防ぐためだ。アナフィラキシーを起こさないためにはクラス全体のアレルギーに対する認識を高め、みんなで対応する必要がある。それに、アレルギーは現代社会が直面する大きな課題だといって過言でない。そこで、総合学習「アレルギーはこわくない」を学習することにした。

志乃は、卵・エビ・かに・いか・たこ・ししゃも・わかさぎ・こあゆ・落花生・そば（キウイ）でアレルギー反応が起こる。腸が未熟で食物を十分消化しないまま吸収したり、免疫反応を抑える仕組みに問題があると異物となって、異物ととらえた食物を身体の外に出そうとするためにアレルギー反応が起こる。アレルギーは皮膚、目、口の中、胃・腸、呼吸、そして、ひどい場合はアナフィラキシーが起こる。ということを理解した上で、「アレルギーって何？」という学習を組んだ。隣の山中先生は蜂によるアナフィラキシー、私は椿の実、と話していると陸が「僕は犬の毛で起こるアレルギー」と自分の体験を話してくれた。「僕は何で犬アレルギーなのかな。

犬はかわいいし、好きなのに何でかな。おじいちゃんの仕事場には犬がたくさんいます。そこへ入るときには『ゴーグルをつけて、洗濯ばさみを鼻につけて、マスクをして、耳栓をして入ったらいいんちゃうん』って思っていました。それでもおじいちゃんの所へ行くと目が真っ赤になります」これらの話をきっかけに、アトピーの子、花粉症の子と手を上げていくとクラスの大半が何らかのアレルギーを持っていることが明らかになってくる。

次に、どうしてアレルギーは起こるのかを学習する。異物から身体を守るバリア機能を免疫という。この機能がうまく働いていると、異物の侵入が防げ、必要なものが取り入れられる。しかし、うまく働かないと、食物を異物だと間違えたり、ダニやウィルスの侵入を許しアレルギー反応や感染症を引き起こす。アレルギーは増加していて、今や三人に一人。その原因はアレルギーを起こしやすい体質と環境の変化にある。一つ目は戦後大量に植林された杉が生長し、花粉の量が増加。二つ目は機密性の高い住居が増え、ダニやカビが繁殖しやすくなったこと。三つ目はディーゼル車の排気ガスの中の微粒子はアレルギーを悪化させること、四つ目は食生活の欧米化や食べ過ぎによるエネルギーのとりすぎ。

さらに、アレルギーを起こさないこととこれから。起こさないためには「アレルゲンを除去すること」。ここから志乃の給食準備に関わる時の注意を学ぶ。ここまで学習が進むと志乃は「昔の私は小麦粉や小麦を食べられませんでした」つまり、胃腸の発達と共に克服していくことができることを自ら証言してくれたのだ。そして、「もっと自分の体のこと知りたいなあ。自分のことやけどと思いました」志乃は五歳で小麦粉が食べられるようになって、九歳の春ピーナッツが食べられるようになった。志乃は「私はアレルギーは全然こわくない。死ぬまで食べられないと決まったわけではないし、食べられるようになったら逆の気持ちでうれしいから。別にそんなの一つも思っていない。かわいそうでもない」こんな志乃を見ていて「志乃は先が明るいからあんなに平気」と学級のみんなも感じることができた。

4　生活を変える学び　三年生　理科

三年生の理科に太陽の光と熱の学習がある。日なたと日陰の地面に触れてどちらが温かいかとか、日なたと日陰の地面の温度を棒温度計を使って計るなどして、最後は虫眼鏡で黒く塗った紙をこがす実験をする。子どもたちに一番人気がある実験の一つだ。そんな学習を終えた三年生の教室に行くと、ストーブの近くに水の入ったバケツが置いてある。子どもたちに「これは何？　何のために置いてあるのか？」と尋ねてみると、「そうじで使う水が少しでも温かくなるようにしている」と言う。そこで子どもたちに「太陽

ペットボトルの中の水は温かいよ

と熱の学習」から、挑戦状を送りつける。いわゆる「日なた水」で勝負を挑んだのである。「ストーブ水と日なた水でどちらが温かくなるか勝負しよう」天気のいい日、両方のバケツに棒温度計を差し込み水温を測っていく。日なた水に軍配が上がる。そこでひと工夫。もっと手軽にできて効率のいい方法を子どもたちと考案する。そして、片面だけ黒く塗ったペットボトルソーラー温水器が窓際に設置される。そうじの度に子どもたちは太陽の恵みを「温かいなあ」とバケツに移しながら、新しい水をペットボトルに入れている。

5 討論する授業 六年生 国語

六年生の国語。ジェーン・カトラー作「O《オー》じいさんのチェロ」を学習した。「戦争でめちゃくちゃになってしまった町。男手は皆、戦争に出かけてしまい、残されているのは子ども、女性、老人、病人だけ。週に一回、配給物資が広場に来る。人々はそれを唯一の楽しみにしている。そこには、人とろくに話もせず、『オー』と怒ってばかりの『O（オー）じいさん』もいた。ある日、その広場も攻撃され、絶望が人々の心を満たしそうになったとき、Oじいさんが、その広場でチェロを弾き始めるのだ。美しいバッハの旋律は、生きる勇気を与えてくれる」と物語は続く。

二の場面でアパートで騒ぐ主人公の私（子ども）に怒るOじいさん。それに対して「しょうがないじゃない私たち子どもなんだから」と語る私。この主人公・私の思いに共感できるかどうか。

意見が対立した。共感できないが大半。その代表的な晃司の意見「今時そんなこと通らへん。それやったら、子どもは無敵。危ないところで自由に暮らせず、欲求不満で暴走しているみたいに大笑いして走るんだと思うけど、子どもだからという表現はおかしい」討論を経て晃司の意見は「一輝に賛成だ。食べ物も少ないので仕方ないし、走り回りたいと思う。僕が『私』の立場やったらOじいさんをうっとおしがっている。でも、Oじいさんだってがまんするのはおかしい」と『両方に共感』という立場に変化する。子どもたちの中で表現を大切にしながら討論する。そして、自分たちの考えを修正していく過程はとても重要だ。発言をたくさん組織する過程で「まちがった答え」は大歓迎だが、その修正は常に教師がやると言うことでは学習が成立しているとは言えない。子どもたちの中でまちがった意見を乗り越え修正していく力をつける必要がある。

6　教科書検討から「大きな土俵」を広げて　三年生　算数・三角形

(1) 三角形って何?

教科書の導入は「円が書いてあって、円周上の等間隔に並んだ点と円の中心があって、それらを適当につなぎ合わせ、いろいろな三角形を書いてみよう」というものだった。この導入では三角形の本質が教えられないと思い、「三角形をどう定義するか」から学習を出発させた。

T：三角形っていうと何を思いつく？
C：おにぎり
C：サンドイッチ
C：山
C：頂点が三つあるもの
C：角が三つ集まっているもの
C：辺が三つ集まっているもの
C：直角がある
C：九〇度がある
C：いろいろな種類がある
T：この中でこれからの学習に生かせそうなことは何ですか？
C：「頂点が三つある」は生かせそう
以下、角、辺、直角などが出される
T：頂点って何ですか？
C：このとんがっているところ（黒板で説明する）
T：辺って何ですか？
C：頂点と頂点を結んだもの

T：直線との違いは何ですか？
C：直線はどこまでも続くのです
T：直角って何ですか？
C：九〇度
T：三角定規でいうとどの角ですか？
C：「ここ」と指で指す
T：角が三つ集まるってどういうイメージですか？
実際にそのイメージを黒板に書いてみて、「集まる」っていわなくても「ある」でいいと納得させる。辺についても同じように黒板にイメージを書いて修正する。
T：「じゃ、先生が三角形書くよ」と言って、二本の交叉する直線を書く。
T：先生はこれからどうするでしょう？（間を開けて）三角形が見えてきた人？
C：あ！　直線をもう一本引けばいい
C：あ、ほんまや！　三角形ができる
C：おもしろい！
T：二本の直線と交わるように引いて「三角形は三本の直線で囲まれた形」ですね。
それでは、みんながはじめに出したことを確かめていきましょう。
T：頂点三つ　　C：うんそれでいい

T：角三つ　　　C：それもいい
T：辺三つ　　　C：それもいい
T：じゃ直角　　C：それもいい
T：どこに直角があるの？　教えて
C：私の書いた図の直角らしき所へ三角定規の直角を当てにいく。
C：あれー　合わへん
T：先生、直線を計らないで適当に書いたやろ。直角は三角形の条件ではないんや
T：「さあみんな！　先生の書いた図を見てごらん」と言って、直線をもう一本引く

そうすると、また、そこに三角形ができる。

「本当にそれで三角形ができる。おもしろい」「何個でも三角形が簡単にできる」という子どもたちの授業後の感想が返ってきた。しかし、子どもたちが口をそろえていったのは「一つの角が九〇度だと思っていた」「直角じゃなくても三角形なんだ」ということだった。こんなふうに考えた原因がすぐに分かった。教科書を検討せず、そのまま教えたために出てきた誤解だった。二組の三角定規を三角形として教えたために三角形の条件として直角が認識されたのであろう。だからこそ、一般的な三角形つまり「ただの三角形」を認識させておくことがこれからの学習展開の中で重要なことになってくるのだ。

（2）形のはじまり

この学習にこんな感想をある子が書いた「三角形はどうやって使うの？」こういう問いが返ってくると、ドキッとする。こちらも力を入れて三角形って何か考えてみる。建築や設計の世界では重要なんて話はできるが、自分は何に感動して教えているのかと考えてみた。そこで、次の時間、「三角形は形のはじまり」という学習を組んだ。子どもたちは「なるほど、一角形も二角形もないなあ」「三角形しかないと思っていたけど四角形もあるんや」さらに、「後ろの子が七十角形書いてやった」と子どもたちの反応は本質的なものを捉えていた。このように展開すると、三角形の中での位置づけも、図形全体の中での三角形の位置づけも明確になってくるのだと確信した。

（3）長さに注目すると、角に注目すると

「三角形では他にも形はないんですか？」という問について学習した。長さ（辺）に注目すると、「長さはそれぞれ別々」「二つの辺が同じ長さ」「三つの辺の長さが同じ」と種別し、それぞれ三角形、二等辺三角形、正三角形と名付ける。「三つだけじゃなくてもっと種類がないのか」と子どもたちは考える。算数が少し苦手な小春が目を輝かせて「それじゃ。角もある。角だったら、直角三角形かな」と考える視点とヒントを出す。このヒントを頼りに角に注目する。「角の大き

さはそれぞれ別々」「二つの角が同じ大きさ」「三つの角の大きさが同じ」と種別し、それぞれ三角形、二等辺三角形、正三角形と名付ける。そして、四つ目の直角三角形が注目を集める。直角が一つあれば直角三角形。ここで「三角形に直角は二つあるか」という問題が出される。実際に書いてみると、前時で考えた「平行線」が出てくる。小春は「ふたを閉めないと形にならない。四角形になってしまう」他の子どもたちも「囲もうとしたら四角形になってしまう」ということが分かり、三角形には直角は一つしかできないことが分かる。また、学習感想の中に「変な方向でも二等辺三角形なのか？」と向きが問題になるのかを問う声もあったので、図形はいろいろな角度から見ることの重要性もこの時間に位置づけた。

（４）七〇度の正三角形はあるか？

小春は三角形の学習に乗ってきた。前時のまとめを自分で「適当な線を三本引くと角が三つ。直角一つは直角三角形で、角を二つ同じ大きさにすると二等辺三角形になる」とまとめ、三角形の学習を「創造を広げるたんびに、さらなる三角形が産み出される」と評した。「この間は長さで三角形、二等辺三角形、正三角形。角の時も三角形、二等辺三角形、正三角形で、なんか辺と角と似てるな。辺や角

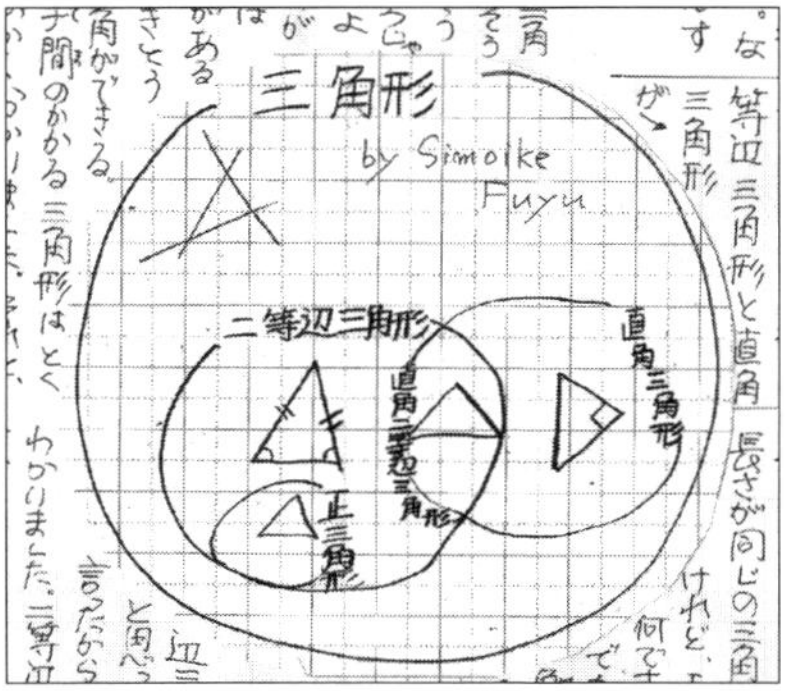

学習のまとめに表した三角形の集合図

を揃えると両方とも同じ名前になるからです」ということに気づく子どもも現れた。私が正三角形は一つの角が六〇度ということにふれると、「七〇度の正三角形はあるか?」と問うてくる。私は三角定規の角の大きさなど例に出して、どの三角形も三つの角を合わせると一八〇度になることに気づかせた。私は三角形を集合図に表し学習をまとめた。子どもたちは「この図を書くとイメージが膨らむ」と言っていた。

(5) コンパス1つで　それじゃあ

次は、書かれた三角形をどう判断して名付けるのかという問題に取り組んだ。円の学習でコンパスは円を書く道具だが、もう一つのコンパスの使い方にも触れておいた。長さを測りとる道具だ。コンパスを三角形の一辺の長さに合わせて開き、長さを測りとって別の辺の長さと比べることを繰り返すと、ただの三角形か、二等辺三角形か正三角形かが分かる。みんなコンパスはすごい道具だと言っていた。この学習の中でまたも小春が「コンパスは長さ、それじゃ角を測りとれるってあるの」と問いかけてきた。そこで、分度器の紹介と限定的だが三角定規の六つの角の大きさを覚えておけば、その組み合わせで測ることができることを伝えた。そのことが分かると組み合わせて足し算したり引き算したりして楽しんでいた。教科書の最初にあった「三角形と円」の学習に触れて学習を終えた。

（6）自分発の主体学習の展開

この学習の中での小春は、自分から毎時間、学習感想をよせ、次々と問題を提出して主体的に学習した。自分が出す疑問が次々と解けていく、そして、三角形の世界がどんどん広がっていくことに喜びを感じたのだろう。私が算数の学習で一三枚も通信を書いて学習を展開したのは初めてだった。多くの子が「三学期心に残る授業」として三角形の学習を挙げていた。

7　教材を作り、地域学習を創造する　三年生　社会科

（1）教育課程の創造

三年の社会科は教科書がない。地域が教科書で、副読本などあっても、それは参考資料で、その時の子どものようす（父母や祖父母の様子を含む）や地域の様子によって柔軟に作り替える必要がある。一学期は地域をいくつかの特徴ある地域にわけ町めぐりをして地域の様子をつかんでいく。①駅前・官庁街（商業地域）②八幡堀・昔からの町③商店街④昔からの町・川や田んぼの広がりの四回で実施し、八幡山へ上り眺望学習でまとめる。二学期は地域の生産と労働について学ぶ。琵琶湖にある沖島で漁師をしている祖父を持つ子が学級にいたので、漁師の仕事の話を聴い

て第一次産業の学習に位置づけた。このような学習は友だちのじいちゃんの仕事として身近にとらえることができる。そして、八幡名物の「でっちようかん」「赤こんにゃく」を工場見学を通して第二次産業として学ぶ。次に、買い物調べから一番おうちの人が買いに行っている大型スーパーの学習をして「車で行ってまとめ買いできる店は便利だ」と第三次産業の学習を展開する。

（2）三学期、にぎやかだった頃の商店街

そして、いよいよ三学期。学校を軸におよそ一四〇年の歴史を学ぶ。その学習の中心は三つある。一つ目は、五つの地域学校から出発する学校の歴史。二つ目は、一五年に及ぶ戦争と学校。三つ目は、六〇年前の昭和のくらしと今のくらしを比べ、考えてみること。特に三つ目がおもしろい。地域の人から六〇年前の商店街の様子を聞く。土曜夜市や八幡市があって、宝探しや輪投げ、サーカスや映画館、にぎやかでわくわくするような世界。でも、ちょっと待って、一学期に見た商店街は「シャッター商店街」。「何でこんなことになったん？」とみんなで考える。「大きなスーパーやらできたからや」「でも何で？」とさらに追求。「大型スーパーには何で行くと便利？」「車」「商店街には？」「自転車」「自転車から自動車への暮らしの変化がそうさせたんや」

（3）今と昔　さまざまな議論を出し合い本質に迫っていく

子どもたちは六〇年前の商店街の様子を羨ましく思っている。その商店街に行ってみたいと

何人もの子どもが言う。何とかしたいという思いから海は「商店街はお店をもっとやったらいい」と言う意見を出す。しかし、学習が進むにつれ海は、社会の学習でもない「最近心に残ったこと」というテーマの作文に「何変なこと書いてんの？」とふり返り、自分の考えを批判し「シャッターが閉まっているお店を始めても、たぶん大きいスーパーに駐車場があって大きなお店に行くようになったから、商店街には人は来ない」と修正した。自分で学習を踏まえて自分の考えを修正できる海に感動していた。

そして、「今か昔、どちらが便利」という討論をした。「本音を言えば今の方が便利。でも」という雰囲気の中で、洋は「僕は昔の方がよい。お店の人から見て昔の方がいい。なぜなら、昔だったらいろいろな店が儲かる。けど今は大きなお店だけが儲かる」

私はこの学習を何回もしたが、初めてこんな学習感想に出会った。富をどう分配するかの問題で、格差社会と言われる中で本質を突いた議論が出てきていると思った。子どもたちが事実を共有し、それぞれの疑問や意見を大切にして、ていねいに学習を積み上げていくと、ここまで学習が進む。一つの子ども信頼の成果だと思っている。この学習を終え年表に一九六四年からおよそ一〇年間の青い帯を作り、高度経済成長（自転車から自動車へ）と記した。今後、町づくりを考える手がかりになればと思った。

おわりに

　このような学習活動の中で、班は全員発言を目指して座席を変えたり、学習援助を組織して全員参加の授業を作りだしていく。学習係は学習プリントを作ったり採点したりして、結果を授業に反映させようとする。班長会はやがて、学習計画を作成するようにもなって学習集団としての質も高まってくる。

　私は、これまで「菜の花畑から見えてくる世界」（四年）「稲・イネＷＯＲＬＤ」（五年）「足下から考える環境学習」（六年）などの長いスパンの教科発展の総合学習を創造してきた。このことは、学校に本当の意味での教育課程の自主編成権を確立させる大切な実践だと思っている。しかし、同時に、今必要なことは、何か一教科、その中の一コマでも子どもと『教え・教えられる』双方向の関係をもつ学習を成立させ、その居心地の良さを実感することだと思う。

実践記録

伝え合いながら学びの道筋をつくり出す

高橋　智佳子（東京）

1　「言葉は、つなぐものであり固有の存在を示すもの」

『万華鏡』（レイ・ブラッドベリ）というＳＦ小説を中学二年生の国語の授業で学習する。登場人物たちはロケットの破裂によって宇宙空間に投げ出され、死を前にしてひたすら離れていく。その絶望的な状況下、無線で語り合う乗員達は人生における人それぞれの夢や思い出、生きがいについて考える。文章全体に美しい比喩表現が溢れ出すように散りばめられているので、内容の読み深めと同時に美しく文学的な描写を味わう教材としても位置付けている。

一年生の時から、比喩は二つの言葉の概念・形象が重なり合い響き合って成り立っているということをおさえ、「結びつけられた二つの言葉には何らかの共通のイメージが存在する」という理解をしてきた。一ページ半の間に一五ほどの比喩がある。「まず比喩表現をみつけてみよう」と言うと、ほとんどの生徒が一〇個以上をみつけることができる。すべてを把握できた数人の生徒たちは「やった！」と嬉しそう。

「何のどんな様子を何にたとえているのか、たとえるもの・たとえられているものを結び付けている共通のイメージを言葉にしてみよう。自分の解釈がみんなに伝わるように工夫して表現してね」と伝えると、それぞれが一斉にプリントに取り組む。

「近くの人と話しながらやっていいよ」と言うと、「わかんない」「これってこうでいいんだよね」などのやりとりがそれぞれに始まる。

例えば、乗員達がロケットから投げ出された時の勢いでそれぞれの軌道を一直線に進んで行く様子を、「井戸を落ちる小石のように落ちていった」とたとえた描写。生徒はこの情景をどう思い描くのだろうか。そしてそのイメージをどのように表現するだろうか。

「先生、なんで井戸なの？」というような私への問いには「そうだね、海や湖や水たまりでもないんだね。井戸ってのぞき込んだことある？　そこに小石が落ちるんだね。小石ね…」などと答えながら教室をまわって各自の書き込みを促す。プリントに向かい、自分のイメージをそれぞれの説明の仕方で伝えようとする。

「のぞき込むと真っ暗な空間を小石が落ちていくスピード並みに一直線に進んでいく様子」「抵抗することもできず、静かにすばやく闇の中に落ちていくこと。その先に何があるかもわからない中に」

「この広く底のわからない宇宙という名の井戸に、井戸にとってはどうでもいいようなちっぽけな人間（小石）がヒューっと落ちていった。人間なんかちっぽけすぎて宇宙にとってはどうでもいいみたいに」

それぞれが自分のつかんだイメージを文章で伝えようとする。その中にこんな表現があった。暗記は苦手だが言葉のニュアンスを独特の感性で掴み、教室での読みを深めてくれる彼。

「井戸に小石を落とすとストーンとなってコロコロとなって終わる。そしてもどすには時間と人が井戸の底まで取りにいかなきゃならない。つまり宇宙空間で人・命がいない今、助ける人はいない…」

そうか、イメージしたのは水のない古井戸なんだ…と気づいた。私や他の多くの生徒が思い描いた深い井戸の水に飲み込まれて消えてしまう恐ろしさではなく、彼は、枯れた井戸の空虚さとその底にコロコロと転がって止まったのに、誰も取りに来てくれることのない小石の孤独を思い浮かべたのだとわかった。

豊かに表現できている数人のものを印刷して配り、自分の書いたものと、他の人の書いたものが印刷されたプリントを机に並べて共通するニュアンスや、逆に自分が考えもしなかった「なるほど」と思う表現などを見つける作業を行った。しばらく時間を取った後、私が読み上げながら解説していくことにした。主に比喩を成り立たせている「二つの言葉の概念の重なり合い」が明確に表現されているかという点に焦点を当てて説明したのだが、言葉は複数の側面からイメージされるのだということを具体例からおさえながらも、あくまでも文脈の中でその言葉のイメージを膨らませる必要があるという点も確認した。その後二枚目の後半部分のプリントに取り組むと、どの子も一枚目よりずっと丁寧に真剣に取り組んでいた。

一つの比喩から受けるイメージは、言葉の多義性によって、教室でよりリアルなイメージを獲得しながら広がっていく。友達の選んだ言葉には自分一人では思いつかなかった意味も含まれている。その読み取りを自分の中に取り入れながら虚構の世界の宇宙空間のイメージを形作っていく。同時に、友達の表現の豊かさに刺激を受けて、今度は自分が「もっと深くもっと丁寧にもっと豊かに読み取り表現しよう」と身を乗り出し、新たな言葉が自分の中で誕生する。

学び手が、「この授業はあらかじめ決まっているゴールに向かっているのではなく、その教室に自分（と仲間）がいるからこそ生まれるただ一つのものなのだ」と知り、そのような学びの意味を実感できるようになっていったとき、初めて未熟な自分をもさらけ出し、応答し合える安心感の中で「能動的な学び」が大きく動き出すのではないだろうか。私はそんな授業をめざしたいと思っている。

2 「教え学び合う授業」——意見を言える安心感は教科学習と自治活動の両輪の中で

私の勤務する学校では、自治・文化活動、教科活動、総合学習の全ての領域において「意見交流」や「話し合い」を大切にしている。日常生活の中で生まれる不当な関係やルール違反など、安心できる学びの空間を脅かす様々な矛盾は、隠して抑え込むものではなく、表に出して解決の方策や理解の道筋を学ぶための大切なチャンスであると捉えている。

生徒は一年生の時から毎年の縦割り班を単位とする全校行事や日常の生徒会活動を通して、上級生の姿に一年後・二年後の自分を重ねて目標を持つ。そして三年生では培ってきた仲間との信頼関係をベースにして一人一人が「なりたい自分」に近づくために悪戦苦闘しながら「安心できる学校」を作っていく主体となる。私たちの学校には教員集団にも生徒集団にも、さらには生徒と教員相互にも、意見表明とそれに対する応答を大切にする話し合いの文化を育てようという教育目標があるのだ。

教科学習においても同様で、教材の内容やその時のクラスの学力や集団の成熟度、人間関係などを考慮しながら学習形態を決めていく。その際に「協力して調べること」や「相談して課題を見つけること」、「討論をして自分の読みや理解を深めること」など、「共に学ぶ」ためのグループ学習や発表などの形態を重視している。

自分の考えや思いは沢山のちがう意見や思いの中にあって、それがどのように未熟であっても尊重され応答してもらえる価値のあるものだ、ということを実感できれば、人は自分の考えや思いを伝えようとする。逆に表明する機会も応答し合う機会も、まるで関心がないとでもいうように奪われ続けていれば、丁寧に自分の感じ方や考えを伝えようとするはずもない。「伝えたい」「聴いてもらいたい」「他の考えを知りたい」という能動的な姿勢を形成し続ける内容と関係性こそが大切であると思う。

私は、授業を構想する際に、「言葉の多義性・象徴性を学び、美しく豊かな日本語の使い手になること」をめざしているが、とりわけ次の三点を欠かせないこととして意識している。

1．文章表現の基本となる仕組みや技法を学年ごとに発展させながら繰り返し教えていくこと。
2．授業の中に、仲間の言葉から学ぶ機会をできるだけたくさん多様に用意すること。
3．授業の中で教師は、生徒同士の学び合いを助けると同時に、個々の生徒の表現に対して固有の価値を発見し、共感・称賛・新たな問いの提示などを積極的に行う存在となること。

三つ目の「教師のことば」は、書くこと発表することが苦手な生徒にとって、授業に安心して参加するために大切なことだ。実際私はいつも生徒の表現に感動している。その感動を伝えることによって、生徒は「目の付け所」を学ぶことにもなるし、単純に自分の表現した事への応答は次の表現への動機となる。そして学年が上がるにしたがって自ら視点をみつけ出し、学び合う力がついていけばよいと思っている。

3　最初に出会う小説『オツベルと象』―個人、班、クラス、そしてまた個人へ

中学校段階での小説の学習は、作品の構造、とりわけ小説の視点「語り手」への注目を始めとして、形象、描写、表現技法などの基本的な事項を教えることも大切な中身であると考える。

しかし、なんといっても教室で文学作品を読むということは、自分とは違う着目点、自分とは違う想像力、自分とは違う感性、自分とは違う解釈、それを表現する自分のものとは違う言葉に出会うことであり、それは自分自身の感性や想像力、世界観、言葉に向かい合うことに他ならない。

一年生の最初の教材『オツベルと象』（宮沢賢治作）でも自分の意見を深める時に班やクラス全体で話し合うことを大切に位置付けている。

このお話は、「ある牛飼い」が物語る形式になっている。地主のオツベルの所にやってきた白象がオツベルに騙されて過酷な労働を課されてしまうのだが、はじめは働くことを純粋に楽しんでいた白象も徐々にエサを減らされ、弱っていく。月の助言で助けを求めると仲間の象が押し寄せ、最後にはオツベルが「もうくしゃくしゃに潰れていた」ということになる。そして、語り手の牛飼いは淡々と「『ああ、ありがとう。ほんとにぼくは助かったよ』。白象は寂しく笑ってそう言った」と物語を語り終える。

登場人物の心理描写はほとんどないので、主に行動描写から登場人物の内面を読み取っていく。個人→クラス全体→個人という単位を中心にして一通り読み進んだところで、物語の結末を一文で表そうという課題について、班で取り組むことにした。

〈『オツベルと象』の結末について考える〉　※授業プリントより一部抜粋

班討論テーマ　〈結末は？　そして、このような結末がおとずれたのはなぜか（下線部）？

1班　（オツベルが）わらを少なくして白象がガリガリになり、赤い童子が紙をくれたので、白象は仲間に手紙を書き、助けに来てもらって助かった。

2班　オツベルが白象をひどい目にあわせたので、仲間の象が、白象の出した手紙を見てオツベルの家に乗り込み、オツベルを殺して白象を助けた。

3班　白象に対する条件が厳しくなったので、仲間が白象を助けた後、白象が「ああ、ありがとう・・・・・」と寂しく笑って言った。

4班　（オツベルが）白象に意地悪をしたので、白象もオツベルもいなくなった。

5班　オツベルが白象をこき使ったので、弱った白象は仲間に助けを求め、森に帰ることができた。

6班　オツベルが白象にひどいことをしたので、オツベルが死んだ。

７班　オツベルがひどいことをしたので、仲間が助けに来てオツベルをたおした。

小黒板に書かれた七つの文を見ながらクラスで話し合う。

Ｔ「それぞれの班のまとめを比較して、共通点や違いを見つけてみよう。結末はどう表現するのが適切なのだろう？」

Ｓ「どの班もオツベルのやったことが原因だって言ってる」

Ｔ「そうだね。『わらを少なくして』『意地悪をしたので』『ひどいことをしたので』など少しずつ表現は違うけど結末の原因はどの班もオツベルの行動だと思ったんだね。…じゃあ班によって違うところは？」

Ｓ「『白象が助かったことが結末』っていう班と、『オツベルがいなくなったことが結末』っていう班があるね」

Ｓ「オツベルって死んだんだよね？」

Ｓ「いなくなったっていうけど、結局仲間が殺したわけでしょ？」

この物語の「オツベルはいなくなったよ」という結末は「死んだ」、「仲間がたおした」、「仲間が殺した」…いったいどのように表現することが適切なのか。班討論とクラス討論を通じて、はっきりとした因果関係を解き明かさない語りの中から皆で本質を探り出していく。

班ごとに考えホワイトボードに書こうとすると、「登場人物の誰の側から見るのか」が問題になり、隠れた主語が浮かび上がってくる。さらに、班で話し合っている時には意識しなかったことが他の班との比較によって整理されていく。その話し合いの中から「寂しい笑い」につながる視点を得て、結末についての自分の解釈を文章にまとめていく。オツベルや白象の人物像は最後までどこか謎に包まれているので、結末の解釈には個々の読みと感じ方が表れる。三人のまとめを紹介したい。

〈「有名なオツベル」　私はこの結末がオツベルにとっても白象にとっても残念な結末になったと思います。まず最初にオツベルと白象が出会った時から、オツベルは白象でどうやって儲けようかとばかり考えていて、それだけで少しかわいそうだと思います。白象は純粋にオツベルが自分を認めてくれる良い人だと信じていた感じがします。その信じていたオツベルのためならと少ないエサでたくさんの仕事をしていました。でも限界がきて死を意識するまで弱り切ってしまいます。そこで月や童子に助けを求めます。この時点で白象はオツベルをどうこうすることは考えてなく、ただ自分が元の生活に戻りたかったんだと思います。ここの文で仲間の象が白象を心配している様子がよくわかるので、オツベルと出会う前の白象の生活は仲間の象と仲良く楽しくやっていたんだと思いました。そして白象の手紙には「オツベルにひどい目にあっている」とは書かれていないのに議長の象は「オツベルをやっつけよう」と言っています。それだけオツベルは悪い人で有名なのかなと思いました。その後、仲間の象はオツベルをたおしてしまいます。自分が助かるだけでオツベルをやっつけるとまでは考えていなかった象は寂しそうに笑って「ああ、ありがとう。ほんとうにぼくは助かったよ」と言っています。この「は」はオツベルを失ったという意味なのかなと感じました。〉

〈「両者が望まない結末」白象は、オツベルを殺したかったのか。オツベルは白象をこき使い、死にたかったのか。ぼくはそんな事はないと思う。この話は、両者が望まない結末になってしまったと考える。では、その結末はどこで変わってしまったのか。自分は、一人と大勢の思いが違った所だと思う。まず白象と仲間の象との思い違い。白象が仲間に手紙を出したとき、白象は自分を助けてほしいと書いたつもりだった。しかし仲間の象は強行作戦に出てしまった。そしてもう一つ。オツベルの百姓に対する思い込みもこの結末になった原因の一つだと思う。オツベルは象が押しかけて来た時百姓に指示をしていた。しかし百姓はその指示を無視し降参をしていた。もし仲間の象が白象だけを助けようとしていたら、オツベルの指示を百姓が聞いていたら、違った結末になったのではと僕は考える。白象がオツベルを殺したくなかった理由のもう一つとして考えたのが、オツベルに対しての白象の思いだ。僕は、白象がオツベルを尊敬していたのでは？と思う。だから、最後までオツベルを信じ、殺したくなかったのではないかな、と思っている。では、白象が本当にしたかった事とは何だろう。自分は仲間に助けてもらい、また最初の働きに戻りたかったのではないかと思う。理由は、白象は働くことを誇りに思っていた。そして前に話したように、オツベルを尊敬していたと思うから。だから白象はその事が出来なくなったことを

「寂しく笑って」表したのだと思う。そして、作者は、「寂しく笑うこと」を書くことで、この結末の意味を表したかったのだと思いました。〉

〈「白象の本音」　白象は実はかしこくて、最初からオツベルのずるがしこさに気づいていたのだと思う。その理由は「寂しく笑って…」にある。この言葉はオツベルを思って寂しくなったのかとも読み取れるが、象の心の中は説明されていないから、もしかしたら最初から象は全てを知っていてその上でオツベルをためしたのだと思う。最初にオツベルと話をして、この男はすごくずるがしこい奴だとすぐに気づいて、でももしかしたらいい人になるかもしれないと思い、わざと小屋にとどまってオツベルを試した。しかしオツベルが一向に変わらず、このままでは自分の体が持たないと、仕方なく手紙を書いた。月と童子が出てきて象にアドバイスをしたのは、象が人と話せて月とも話ができる特別な存在だからだと思う。そして「寂しく笑った」。これはオツベルがくしゃくしゃにつぶれてしまって、やっぱり人間は一度道を外したらもういい人には戻れないのだという「寂しさ」で、「笑った」は仲間に助けてもらってほっとしたから笑ったのだと思う。私はこのように読み取り、宮沢賢治が何を伝えたかったのか考えた。たぶん人間は誰かをまたは何かをかんぺきにだましたようでも必ず誰かが気づいていて、悪い事をすればその分自分に返ってくるのだ、ということを伝えたかったのだと思う。それをオツベルの死で表し、誰かが気づいたということを白象の「寂しく笑って…」で表したんだと私は考える。〉

「有名なオツベル」では、「ぼくは」の「は」が「オツベルを失ったという意味」と表現する感性をすてきだなぁと思う。「両者が望まない結末」は、オツベルの死と別れの原因を「すれ違い＝人と人（個人と集団）との関係性」と捉えている点がすばらしい。そして、「白象の本音」。特別な存在として描かれ、行動も謎の多い白象に、純真無垢なイメージだけではない何かを読み取るところが、どこか懐疑的で個性的な彼女らしいと思った。

このように、個人↓班（グループ）↓クラス↓個人と学習の単位を変えながら、授業の最後には自分自身との対話で終わるようにしている。

4　中学三年生でめざす「伝え合いながら学びの道筋を作り出す授業」

三年生では、「生徒が生徒自身の言葉で表現し学び合う授業をめざす」という目標をよりはっきりさせている。班学習や発表の形態を中心に据えて授業を行い、生徒自らが意見交流の視点や話し合いにつながる疑問を見つけていけるような展開が望ましい。

文学作品を学ぶ授業の中で、「自分の読みをクラスの皆に聞いてもらいたい、発表してみたい、伝えたい」と思う人が自然に生まれ、それを皆でしっとりと聞き、語られた言葉が別の人の刺激になって、また新たな言葉が紡ぎだされるような教室の空間を作りたい。「生徒は集団で学んでいるが、一人ひとりに固有の学びの道筋がある。もっとその過程を表現し交わりあうような授業がしたい」と思うようになった。

ある時、中学校三年目の彼らが二年間の行事や自治活動で築いてきた関係性の中で、この教室だからこそ成立する教科の深い学びというものがあるはずだ、ということを強く感じ、これまでよりもっと生徒同士が自分たちの言葉で学びあう展開を導きたいと考え、授業を構想した。

(1) 寓意小説『急行列車』

三年生一学期は「寓意小説を読む」という単元を設定している。教材は二作品で、イタリアの作家ディーノ＝ブッツァーティの『急行列車』と安部公房の『公然の秘密』を学習する。寓意を含んだ小説は、仲間と共に読むからこそ豊かな学びにつながると実感できる教材の一つだ。

まず最初に読んだ『急行列車』は、以前教育出版の中二の教科書に「発展」教材として掲載されていた作品で、格調高い表現で車窓の風景や列車の様子が描写されているため、簡単ではないが一読してひきつけられる。「獰猛な闘牛」のような急行列車に乗って「わたし」がめざす「とてつもない目的地」がどこなのかは最後まで明かされない。また、途中駅で待つ人物の順番や列車の遅れ（実は速いのか遅いのかも断言できない）が何を意味するのかも謎である。

解き明かしたくなるような謎を明確に提示している作品なので、生徒が最も疑問に感じた大きな問いから考えることにした。手がかりはあるが、ただ一つの答が導き出せるわけでもない。

(2)「急行列車」の「目的地」はどこなのか

「わたし」が急行列車に乗って目指す目的地はどこなのか。文中の手がかりからまず一人ひとりが考えを持ち、次に班の五人で話し合う。まずノートに書いた自分の考えをもとに、それぞれの班で意見交流が始まった。仕事相手、恋人、自分を祝ってくれる一行、母という途中駅の人物を捨ててまでめざす五番目の駅はどこなのか。駅での目的は達成できず列車は次第に遅れていくが、四つ目の駅の母は「わたし」を四年も待っていてくれる。生徒はその非現実的な内容に最初は戸惑うが、大きく何かを例えて表現している小説なのだと気づいていく。

「目的地は夢だと思う。だって『一種の気恥ずかしさから、それまでその名を口にしたことがなかった』と書いてあるし、その名を言うと『あつかましさをおこるような目』や『愚かさをあざけるような目』、『幻想を憐れむような目』で見られたっていうんだから、今はまだ実現不可能に思える自分の人生の大きな夢なのではないかと思う」とミキは言う。

別の班ではタカシが話している。

「死だよ。急行列車は人生で、それに乗って進む人生の終着点なので目的地は『死』でしょ。列車の中と途中駅の出来事はすべて走馬灯のように思い出している過去なんだよ」

隣の班ではマサルの意外な考えに笑いが起きている。

「目的地はお父さんでしょ」

「えー？　なんで？」

近くで聞いていると、マサルは真顔で説明している。

「だって、四年も待ってくれていたお母さんを置いて目指そうとしたんだから、それより重要人物と言ったらおとうさんしかいないじゃないか。父を目指してるんだ」

マサルにとって今最も大切な存在は父なのかな…と、ふと思ったりした。そのうちミキが笑いながら言った。

「なんかその説もあり得るかも…って気がしてきた」

班の話し合いは次第に活発になり、「でもそれだったらここが矛盾しない？」という指摘から、皆で本文をじっくりと読み直す場面なども見られた。

班の話し合いをまとめた意見が小黒板に書かれ、七枚が貼り出されると「あ、同じだ」「えー？すごーい」等と他の班の意見に対して口々に反応している。自分たちで説明する人を決め（何人が補足をしてもよい）て順番に発表していくと、真剣に他の班の考えを聞き合っている。

ハナエは説明する。

「冒頭の周りの人の反応と、大切な人を捨ててまでいく価値のあるところという手がかりから、私は目的地が『自分自身』ではないかと思った」

タカシが、「死」が目的地だと説明した。死後幸せになれる「天国」と考えた班もあった。しかしそれに対してはアサヒがこう反論する。

「俺は死が目的地ではないと思う。だって四つ目の駅で母が、『おまえは若いんだし、おまえの道を行かなくっちゃあ』と言って先に行くことを勧めているから、息子を死に向かわせるはずないので違うよ」

「あー、なるほど」と皆が頷いた。

この話し合いは、文章表現に即して根拠を挙げながら自分の考えを形成していくことを目指したが、まずはできるだけ自由な発想で、人生において大切なものをどのように考えるかを交流する場でもあった。正解と思われるものを探しているのではなく、豊かに想像力を働かせることを目指しているのだと感じられる時間になったと思う。

(3)「伝えたい」という思いを励ます

意見交流のあとは、各自がノートに自分の考えをまとめておく。意見交流はまず自分の考えを持ってから行い、交流後も個人の考えをまとめて終わるようにしている。

目的地について考えた次の時間は、「この列車は実際速いのか、それとも遅いのか」について話し合った。乗り合わせた乗客の紳士が、出発したばかりの「すばらしい勢いで力いっぱいに走っている」列車について「こんな速度ではとてつもなく遅れてしまう」と語ることを重要な手がかりとして、「速さ」が本人の主観と関係する相対的なものであることに気付いていく。

途中駅の人物については三〇分しか待ってくれない恋人ロザンナに対しての反応が様々でおもしろかった。

「三〇分とかありえないでしょ。そんなくらいで帰っちゃうわけ?」

「え？　俺一〇分来なかったら帰るよ」

「それは愛が足りない。恋人じゃないよ」

どのクラスでも、次第に「語りたい」という気持ちが伝わってくるようになった。授業後も話し合い学びあう生徒の姿が見られ、教卓の周りで私を介して言葉を交わすだけでなく、私がいない所でもお互いの読みを交流し議論していることが伝わってきた。

その姿を見ながら自然な流れで、私は小説の寓意について深く考え続けている数人に、皆の前で自分の考えていることを発表してもらおうと思った。各クラスで「だれかに自分の考えを発表してもらいたいと思うんだけど」と投げかけておいた。

教卓のまん前の席で、ミキは作品の登場人物の関係と役割をキーワードで示したマッピングノートを授業中ずっと書いていた。頭の中を整理するのだそうだ。毎時間授業が進んでいくにつれて書き足され、かなり複雑なものになっていった。彼女は授業中ほとんど発言することはないが、自分の世界を持っていて、いつも授業後に自分の解釈や感想を伝えに来てくれる生徒だ。彼女にまず声をかけた。

T「それ、来週の授業で前に出て皆に発表してくれる？」

ミキ「えー？　うーん、まあ、いいですけど」

そのやりとりを聞いていたマナとハナエもよく教卓の周りで一緒に話すメンバーだ。ハナエは学ぶことを楽しむ向上心の旺盛な人で、単元のまとめは何度もノートを書き直して提出してくる。

一方、マナはこの単元から積極的に私に近づいてくるようになった。

T「マナは？」

マナ「うん。やってみる」

T「じゃあ、ハナエもお願いね」

その時、アサヒがスーッと前にやってきて、自分の読みを私に説明し始めた。うまく言葉が出て来なくて苦労しているが、伝えたい考えがあるらしい。最後の方で「わたし」が「機関手さん」に呼びかけているところがひっかかるらしい。

「明日の授業で発表してみない？」と聞いてみた。授業中のつぶやきを聞き返すと「なんでもない」とすぐに引っ込めてしまうアサヒなので、断るかと思ったが意外な返事が返ってきた。

アサヒ「じゃあ、家で考えをまとめてくる」

こうして、四人が自分の読み取った寓意について発表してくれることになった。

（4）目的地を見失っている「わたし」に希望はあるのか？

四人の発表は私の予想を超えるものとなった。

まず、ミキの作った関係図は、縮小印刷をしてクラス全員に配った。他のクラスの生徒もそれを見て、ほしがるような力作だった。欠席がちのマナは、発表してくれる日の朝、遅刻で来ていなかったのだが、同じ班の心優しいがヤンチャな男子が、担任の先生に心配そうに言っていたそうだ。「先生、どうしよう。今日マナが国語の時間に皆の前で発表することになってるんだけど、来るかなぁ」と。クラスメイトのそのような温かい気持ちに支えられて、この教室の中でミキやマナが小さくて大きい挑戦をするのだなぁ、と嬉しく思った。

強く印象に残っているのは、四年も待ってくれていた母を置いて列車を選ぶ「わたし」が、目的地を見失い機関手さんに語りかけるところについての解釈である。

「機関手さん、あんたはどんな顔をし、なんという名なんです？　わたしはあんたを知らないし、まだあんたの姿を見ていない。あんただけが頼みだ。…」という「わたし」について、マナはこのように解釈して皆に伝えた。

「自分を愛して待ってくれた母を置いてまで向かおうとした目的地とは、自分にとって大切な夢をみつけて、思い描く自分になるという事なのではないかと思います。でも、人生の旅である急行列車を動かしているのは自分自身なのだからそのことに気づかなければいけないのに、『わたし』は最後に機関手さん頼みになっています。つまり他人頼みになっているということは、夢にたどり着こうとして大切なものを捨てた結果、なにものにもなれなかった自分ということを表しているのではないかと考えました」

マナは作品のラストに希望を読み取ることはできないという。私はマナの使った「何かになろうとして何者にもなれなかった自分」という表現に、彼女自身の生きることへの意欲や葛藤が重なって感じられた。

同じ機関手さんへの語りかけについて、アサヒは別の読み方をした。マナの意見を聞いた後、付け加えてくれた。「最後の場面まで『わたし』はほとんど機関手さんの存在について気にしていない。それなのに最終駅近くで初めてその存在を気にして、名を知ろうとしている。それは、列車を動かしているのが実は自分自身だと気づき始めているっていうことじゃないか。このあとその真実に行き着くということを暗示しているのではないかと思う」

Ｔ「希望を読み取れるということ？」

アサヒ「ぼくはそう考えた」

私はどちらの読みにも感心した。この二人の読みの対比は、皆の学びを豊かなものにした。いろいろな生徒が後まで話題にしていたし、自分の考えを深める参考にしていた。

（5）仲間に学びながら自分自身と向かい合う

ハナエはどう読んだのか。まとめから一部を抜粋する。

「…そして、『わたし』が目的地について他人に話すと否定されているというところから、自分にしか行くことができない目的地であるという事が考えられる。しかし『わたし』は最終的に目的地を見失っている。だから途中駅のたびに急行列車にこだわらず、悔いのないように途中駅で会うべき人に会うことが、目的地へ着くことのカギであると考えられる。そのため、目的地は何よりも重要なものであり、そしてそれは他人との関わりの中で見つけていくものだとすると、

『自己』であると思う。

『わたし』は最初、目的地にこの急行列車で行くことが勝利であると考えていたため、一番目の駅で仕事相手との別れの時はまだ『また今度会えばいい』と思っていたが、最後の母との別れではもう決して会えないと自覚していた。つまり、途中駅が重要であったことに気づき、『もう引き返せない』と考えたのである。それは、胸ポケットの中の煙草一つ探すのにも焦っているほど不安定な『わたし』の心理状態からも読み取れる。

しかし最後に『わたし』は機関手の名前を知ろうとしている。この列車が『わたし』にとってのすべてであるのなら、『わたし』の運命を左右する列車を動かす人＝私自身であると言えるのではないか。だから、それを知ることが『わたし』の目的地である」

ハナエは学習後のコメントで、「言葉のニュアンスを読み取りながら、作者はなんでこんな書き方をしたんだろうって考えるのがすごく面白かった」と書いているが、次の作品『公然の秘密』では、より緻密に文章表現に即して寓意を読み取り楽しんでいた。彼女はマナやミキの意見をいつも感心して聴き取っている。そして自分とは違う意見を受け止める中で繊細に言葉を選びながら自分の考えに到達して行く。

アサヒは学習後のコメントに、「まとまらなくても、自分の考えを前で話すというのは補い合えると思うので、とても良いです」と書いている。

別のクラスでは、発表にあたり作者や他の作品について自ら調べ、作者が従軍記者であったことから戦争に関わる寓意を読み取ったという人もいた。また、ある男子は黒板を使いながら教師のように熱心に解説してくれた。その彼は学習を終えて次のように書いている。

「寓意をやって、改めて読み取ることがすごく楽しいと思った。…〈略〉…発表では自分の意見に対して手ごたえを感じたし、班学習や他の人の意見のまとめもすごく参考になった。あと、内容も現代につながるものばかりで、そういうことを考えてみる上でも、この寓意小説はやる意味があるし、やって良かったと思った」

次のような感想を書いた男子もいる。

「一目見た時はなんだコレ…な小説が読み深めることによって、一つ一つの事柄・行動・状況が重要な役割を持ち始め、一つの大きな意味へと変わっていくのが面白く感じました。○○と△△と一緒に寓意を読み解いたときは、三人寄れば文殊の知恵を実感しました」

おわりに

『急行列車』の授業の中で友達の意見や発表を楽しそうに聞いている姿や、真剣に議論する表情、それまで知らなかったその子の思いや意欲にふれられて嬉しかった。そしてお互いの言葉に耳を傾けながら自分達で学びの道筋を作り出していく教室の空気がなんとも心地よく感じられた。

ハナエが、卒業した数年後に話してくれた。

「誰がどう考えるのかを知るのが本当に楽しくて、今でもかなりはっきりと皆の意見を憶えている。授業が終わってもよくほかのクラスの子とはツイッターとかで議論してた」

そして、もう一つ大切な事を伝えてくれた。

「でも、小説を読む楽しさは、先生が教えてくれた比喩とか色々なことが前提にあったからこそだと思う。一・二年で習った『小説の視点』『描写』『表現技法』などの知識があってこそ、もっと深く詳しく読み込もうと思えた」と。

最後に、私が現時点で感じている三つのことに改めてふれておきたい。

① 能動的で主体的な学びは、安心して表現し応答し合うという関係の中で成り立つ。同時に、そのような学び合いが成立している授業を通じて集団が成長する。

② 「自ら学ぶ」「探究的に学ぶ」「自分で発見し課題を見つける」学習は、教師が知識や考え方や問題の切り取り方を「教える」ことの上に深まっていく。

③ 「話し合い」や「個人のまとめ」などを深めるために、教師の介入は不可欠である。活動の中で「仲間の助言・評価」「教師の説明・助言・評価」「自己の振り返り」を適切な時にそして無理なく位置付ける工夫が必要である。

日々の授業に悪戦苦闘する毎日だ。今日も彼らは授業が始まる直前までものすごいエネルギーでゲームの話に興じている。夜更かしして自分の好きな事に熱中した翌日、もう余力のない心と身体をなんとかひきずってきたあの子が教室の机に突っ伏している。それでも、自分の思いや自分の考えが上手く伝わった時、だれかの思いを受け取った時、どの子も必ず嬉しそうにする。必ず輝く言葉が生まれる時がある。そういう瞬間を共有できる教室を目指したい。

Ⅳ

授業実践記録の批評と学びの課題

白石 陽一

はじめに

本論では、「学び」と生活指導の関係について、学ぶことが子ども一人ひとりの生き方にかかわる観点に焦点化して論じたい。やや旧い言い方をすれば、学ぶことと生きることのかかわりの考察である。生活指導の課題を、おおざっぱに言って、ものの見方・感じ方・行い方の指導とみなすなら、このような課題と学びとのかかわりの考察である。最近の言い方をすれば、学びと参加、学びと世界・社会との関係、学びと自己・他者との関係、生活文脈の読みかえ、批判的学びのあり方などの考察である。したがって、教科内容や教科の学び方などには言及できないことをお断りしておく。以下、私が授業記録をとりあげる順序は本書の目次に従い、敬称は省略する。

教育実践記録は「物語」として読まれるべきである、と私は考えている。逆にいえば、実践記録の一部を切りとって称賛したり教訓をひき出したりする読み方や、既成の理論の枠組みから裁断するような読み方は控えたいと考えている。

たとえば、中野実践において、いきなり「野菜づくり」を呼びかけても、子どもはこの提案を受け入れないだろう。中野の言葉でいえば、子どもとの信頼関係を結びながら、その延長上に「野菜づくり」は位置づくのであり、この信頼関係をつくりあげていくすじ道が示唆的なのである。子どもとの対話や子どもへの共感的かかわりが大事であることは原則的には正しい。しかし、そうはいっても〈共感しすぎると教師が疲れてしまうのではないか〉とか〈対話の時間はどのようにして確保するのか〉という疑問も、当然生まれる。そのときに、中野が挙げる以下の「対話の原則」が役立つのである。①話を整理したりアドバイスはするが先生はどちらの味方もしない　②時間がきたら途中でもきりあげる　③どうするかの行動の判断は君たちがとる。このような原則にもとづいて、中野は喧噪的な子どもと対話ができる地点まで到達している。そこに至る事件やエピソードのつながりをふまえて「物語」として読まないと、実践記録は読み手の中に血肉化しないのである。

しかしながら、分量の限りがあるので、本論では、それぞれの授業実践について、ある部分に焦点化せざるを得ないこともご了承願いたい。また、六人の記録を総括的に論じるとおもしろみがなくなると思うので、個別に、私が読みとった視点を提案してみたい。

おそらく九〇年代前後からなのであろうが、子どもの権利条約や総合学習への対応もあって、「学習」にかわって「学び」という用語が使われるようになり、「学び」という用語の意味内容が広がりをみせた。意味内容が広がることそれ自体は、研究や実践が教育の隣接領域との交渉をすすめ、教育の課題が深化することもあり、歓迎されてもよい。しかし、たとえば、子どものトラブルの背景を子ども同士で推測したり話し合ったりすることも「学び」と呼ぶような場合は、明らかに概念の拡散になり、問題があると言わざるをえない。本論では、何らかの形で文化内容や教科内容にかかわっているという意味で「学び」という用語を用いる。「学び」という用語の登場と普及について詳細に調べないままに主張することには慎重でありたいのだが、「学び」の意味内容の拡散状況に対して限定的使用を求めることだけは、本論の展開上述べておく必要があると思い、一言しておいた。

1　学ぶ・知る・知的に変わる、「排除」を知的にのりこえる
――原田実践における『いろんな人がいる』が当たり前」という「日本国憲法」の実践

トラブルを抱えた子どもを排除しないために、世界には「いろんな人がいる」という「授業」を多様に構想した点に原田実践の意義がある。そして、この授業は、人権教育、道徳教育、総合学習という機能をそなえている。

この授業では、原田のことばでいえば、差別や排除によって人権がおびやかされている人たちがたくさんいる現実、その社会の仕組みや課題、のりこえるために必要な観点を学ぶのである。〈差別はいけません〉というように、陳腐な結論だけをおしつける「徳目主義」にしがみつくおとなは、〈差別の何たるか〉を自分が知らないことを隠し、子どもとともに学ぼうという意欲がない。仕方がないので、その人は身もふたもない正論を言いつづけることに留まり、現実の矛盾をみすえないという意味で思考停止に陥ることになる。逆にいうならば、デモクラシーを理念としてだけ語るよりもファシズムの仕組みを学ぶことのほうが、民主的社会の建設に有益であると

もいえる。そうだとすれば、子どもに排除の現実や仕組みを教えようとする意欲は、教師の学び直しへの勇気を生み出すのである。

原田とともに言うならば、権利を知るとは、不条理に差別されたり排除されたりする事実を知ることである。権利が侵されている事実を知ることから、侵されてはならない権利が存在することを知る。そのときに私たちは、権利を再発見し、その権利を守り、育てる方法を求めることになる。くりかえしていえば、権利は「スローガン」として覚えるのではなくて、権利が侵されている現実を学ぶことによって「発見される」のである。

権利を学び合うときに原田がもちだす映像やＤＶＤなどの「教材」が、子どもたちに響いている。障害をもつ人、在日外国人の人、男性・女性（性にかかわること）、アイヌの人たち、学歴・貧富・見た目・病気の人・被差別部落の人など、さまざまな人権侵害について話題を広げていった。

たとえば、このクラスでは「メディアによる人権侵害もあるのではないか」という声を契機に対話を展開している。セクシャルマイノリティのタレントの映像を流すのだが、子どもたちはこの人たちを情報としてはよく知っている。そこで、教師は、「この人たちの共通点は何だろう？」と問いかけて、この人たちがかかえていたいじめられた体験や家族からの拒絶や居場所のない苦しさなどを紹介し、コンプレックスと個性の関係について考え合った。授業のなかで「いろんな人」の生き様に出会うことで、「男性性」に囚われた暴力的な子は、「強い子」という「一つだけの枠」に囚われなくても生きてゆけることを実感し始めたらしい。周囲の子たちも、暴力的にならざるをえなかった子を「いろんな人のうちの一人」として受け入れられるようになっていく。そうすると、その子は「肩を聳やかさずとも廊下を歩くこと」ができるようになった。要するに、「学び」をとおして暴力的な子は「柔らかな」しぐさに変容し、学級に「寛容な」関係が生まれたのである。

テレビのバラエティー番組で人をバカにしたり差別したりするような発言を、子どもたちは指摘し合っている。メディアが流す情報を、それが有害だからといって、すべてを遮断することはできない。逆に、何がおかしいのか、どこに問題があるのか、について学び合うことの方が、有益な情報教育となり、メディアリテラシーの育成につながる。

子ども同士で、学級の中の何が排除なのかを「読み解き合う」力を育てることも、生活指導の方法として活用されてもよい。しかし、毎日顔を合わせ、つきあっていかないといけない友だちについて、まだなじみが薄い時点であれこれ意見をいうことは、子どもにとっては強い抵抗となることもある。逆に、「社会の中にある」差別や排除や暴力を読み合うことのほうが、子どもにとっては抵抗感なく始められることもある。

以上、原田の実践は、憲法でいう「個人の尊重」「幸福追求権」を学んでいることになる、と私は考える。日本国憲法のもっとも重要な規定であるといわれる「憲法第一三条」は、「すべて国民は、個人として尊重される」と謳われている。個人の尊重とは、一人ひとりを人間としての価値において対等に扱う「皆同じである」という考え方と、一人ひとりは個性をもった二人としていない存在であり「皆違う」という内容を含んでいる。一見すると矛盾するような内容をこの原理は合わせ持っている。(注1)また、この原理は、「幸福そのもの」を保障するのではなくて、人それぞれにちがう幸福を追求する権利を保障している。国家が幸福の中身を決めるのではなく、幸福は自分自身が決めるべきなのである。そこには、当然さまざまな価値を認めようという憲法の考え方がある。つまり幸福追求権は、「いろんな人」がいることがあたりまえという社会の建設と結びついているのである。

2「変えてはならない」営みを知ることで、教育実践への矜持をとりもどす

――中野実践にみる「生活から学び、学びを通して生活を創造する」ことの精神

この中野実践には「川との語り合い」実践という前史がある。この記録は長編なのだが、かいつまんで紹介すると、以下のようになる。

ルールに呪縛されるかと思うと駄菓子屋で万引きする子たち。この子どもたちの五感を総動員して学び、地域と響き合える活動をつくりたい。子どもに「川に行こう」と誘い魚とりを楽しむ。子どもが魚の話を家で語ると、家の人たちも川を再び語り始めた。おじいさんは「わしは今の川を見るのがつらくてたまらない」という。魚はなぜ少なくなったのかという「リサーチ活動」が

進む。なぜ川をコンクリートで固めたのか、産卵場所がなくなるという意見をもとに「川救出大作戦」を開始する。子どもは役場で村長、教育長と議論し、この後「川と自然を考える会」を結成する。以上、「川との語り合い」によって、子ども、家の人、地域を巻き込んで「大きな流れ」を形成していった。

この実践の特質について、「現実を問い返し、現実を作り直し、貧しい地域を幸福な地域へと脱―構築」していく「構成的関与としての学び」という評価がなされている。(注2) では、「川との語り合い」から「野菜づくり」に流れ込む一〇年来の壮大な試みを、私たちは簡単に模倣することができるのか。私は、この「野菜をつくる」実践について農業高校の教師に助言を求めた。その教師の回答は、こうである。この先生の農(農業)に関する知恵と能力は、「家庭菜園」のレベルをはるかに超えている。農家の知恵を受け継ぎながら「自給自足」ができるレベル、あるいは「道の駅」に有機野菜を出品できるレベルである。農業の「初心者」に、このレベルをいきなり要求するのは無理がある。「しかし」、とその教師は、以下のこともつけ加えたのである。教師と子どもが同じ目線で野菜づくりなどにとりくんで失敗してもいい。そのときに農業に従事する高齢者を指導者として紹介するという方法がある。その仲介を自分たちがしてもいいし、その意味では地域と学校を媒介する力になれる。

まず、中野の試みはこの種の実践では最高水準の一つであると意味づけるとともに、私たちの共通財産であると理解しておきたい。芸術でも技術でも最高のものに出会わないと、憧れや敬意が生まれない。だが、抽象的賛辞をおくるだけに留まるなら、平凡な人が獲得するべき視座を見出すことができない。中野自身も「この畑の実践は他の活動にも置き換えられるものであり、活動を組む場合の重要な視点がどこにあるのかという目で批判的に学びとってほしい」と述べているので、この観点で私なりの意見を述べたい。

「必然的な対話、必要な対話」は、「自分の思いだけではどうにもならない現実」に出会ったときに生まれると中野は書く。このような現実が生まれる場を「生活」と特徴づけてみたい。

ある子どものキュウリが枯れてしまう。この子は、「両親の離婚後、気持ちが弱くなって」おり、なんで自分だけが不幸なのか、自分だけが苦労しなければならないのか、という理不尽を感じたとしても不思議ではない。スポーツなどに挑戦して無理矢理に苦労をよびこまなくても、ふつうに生活していれば苦労はどこからでも襲ってくるのだ。これが、「自分の思いだけではどうにもならない」出来事である。この時に、泣いたり助けを求めたり協力の手を差しのべたり知恵を働かせたり、などなど「必然的な対話」が生じる。話を大きくしてかつ実践の結論だけ言えば、この子どもは不条理を共同でうけとめて生きる力の一歩を獲得したことになる。念のためにつけくわえておくと、不条理を受けて立つには「農」という人類文化への学びが必要であり、また課題をかかえた当事者が成長したということは、そこにかかわる周囲の子たちも、何らかの成長を遂げていることになる。

畑づくりにおいては、「掃除サボりをするいつもの彼らの姿とは全く違った姿」を見せ、土に埋まっているブロックを掘りだす作業は「宝探し」の感覚であった。「あたり！」「おー」という歓声とともに土をかき混ぜ遊びだす。これは、ギャングエイジの遊び感覚の再生である。おばあさんは「うれしくて畑を見に来ました」と言って草を抜いてくれたり、肥料を置いてくれたりする。おばあさんは、かつての自分たちの生活・生産活動を子どもたちの活動のなかに見出し、呼び戻している。「川との語り合い」の実践においても、子どもたちは聞き取り調査において、住民・老人のなかに痕跡としてあった「豊かな川の記憶」を呼び戻し再生していた。記憶の伝承は生き方の伝承であり、世代間における文化の手渡しである。中野は旧世代の活力ある記憶と子ども世代の生きる課題を媒介する人なのである。この営みは成果主義とはなじまない。そこには数値目標も外形的評価も競争的活動も存在しない。しかし、人類にとって「なくてはならない」ものである。「それ」を失うととりかえしがつかなくなるものである。「それ」を失うと、私たちの価値観や生活様式が一変してしまうからである。

だからこそ、中野は、この実践記録に「あたりまえの生活を創造する」とタイトルをつけたのではないか。「アクシデントが子ども（人）を育てる」ことも、「生活をつくりながら生活から豊かに教育される」ことも、中野にとって「あたりまえ」のことなのである。「中野的な」実践を知ることで、私たちは、公教育は「新しさ」を競うのではなく、そこには「変えてはならない」ものが確かに存在することを知る。私たちは、いきなり中野ほどの「熟達」を求めなくてもよい。しかし、教育実践は本質的に地道であり手間がかかる平和のしごとであることを確信することは、成果主義圧力に溺れそうになる自分への支えとなるのではないか。

3 「現場」の観点から、「周辺」の視座から、この土地で生活した意味を語り合う

——鈴木実践・「原発」の授業にみる「生活者」の問い方

「福島」に関する授業を福島市の中学校で、福島市の生活者として学び合ったという観点だけに限定して、鈴木の実践にコメントしたい。その理由は、あとで述べる。

鈴木は、二〇一四年度、三年生に対して「原発」をとりあげる実践をすることに「ためらい」があったと書いている。「電力会社」に勤務する保護者がいたり、「政権党を支持」する選挙ポスターを家の中にはってあったりするからである。そうは言いながらも、鈴木は、二〇一五年二月卒業前に、「世の中の出来事と自分たちの生活が繋がっていることを実感してほしい」という願いをもって「原発」の授業を行った。そのときの資料は「廃炉が増えているアメリカ」という記事であるが、アメリカの事情を介して迂回的に日本の原発を考えるほうがやりやすいと判断している。授業の展開では、「日本の原発の現状と原子力のしくみを理解する」という課題にとりくみ、「原発を多くつくってしまったしくみの学習」も行い、「なぜ双葉地区が原発を受け入れたのか」についても考え合った。また二〇一五年度の二年生には、「原発が福島に作られた理由」を考える授業も行っている。

鈴木によれば、二〇一二年には、福島県の教育委員会は「原発の是非についての授業は自粛してほしい」ということを研修で言っているそうだ。しかし、鈴木は、二〇一二年から二〇一三年にかけて、地理的分野の「日本のエネルギー」単元を使って「原発」をとりあつかっている。鈴木は、「原発を今後どのようにするべきか」について、政府が出している三つの選択肢（「脱原発派」、「縮原発派」、「原発推進派」）なら「概ね了解が得られる選択肢である」と考えて、生徒の意見を紹介している。鈴木は、わたし自身の原発についての意見は極力前面に出さず、さまざまな情報や意見をとりあげて、生徒の意見を引き出すことを意識したと書いている。（注3）

ここで確認しておきたいのは、鈴木は、一方で生徒に「配慮」するという意識をもちながらも、他方では生徒が「意見」を述べる機会を探った点である。このような鈴木の意識に生じた「ゆれ」と実践を進めるときの「目配り」こそが、実践家の良心であり、私たちに提起された課題である。

鈴木の授業は、「生活を背負って」発言するということの意味を私たちにつきつけてくるのである。鈴木の学校で実践をしようとすれば、あるいは鈴木の実践に意見を述べようとすれば、「原発の問題点」を第三者の立場から指摘しておけば済むのではない。開沼博も指摘するように、「部外者」のコメントは「正義」という名の「暴力」になる危険性を孕んでいるからである。（注4）「〇〇」が悪い、というように「悪」探しと「悪」叩きでは、問題は解決しない。「なぜ、自分が、自分たちの生きる社会が、これまでその『悪』とされるものを生み出し温存してきてしまったのか、そして、これからいかに自分たちの中の『悪』と向き合うのか」、冷静に真摯に考えることが大切なのである。もちろん、反原発の運動や加害責任などを議論し合うことは重要であり、これは別途論じなければならない。

開沼は「福島」の問題の「ステレオタイプ化」についての警戒を促している。人々は福島を「避難、賠償、除染、原発、放射線、子どもたち」というキーワードと結びつけて語りたがる。その理由は、複雑すぎる問題に直面すると話を単純化したほうが議論が合理的に進むし、自分が理解しやすいものだけ見て理解しようとする自己防衛が働くからである。逆にいうと「いかにも福島らしい」特殊な問題の背後にある、日本全体、世界全体に通じそうな普遍的な問題をあぶり出すことで、多くの人がかかわるきっかけをもつことができる。たとえば、土地に人がいなくなる、産業が無くなる、コミュニティーが崩れる。これらは、原発事故以前から地方に存在していた問題であり、放置されてきた問題である。(注5)

生活現実にかかわって一例のみあげれば、避難者の本心も複雑なはずである。働く場所はあるのか、子どもをかかえても戻れるのか。アンケートに対して表面上の回答では「戻りたい」と答えた人も本心では「戻れない」と思っているかもしれない。「どういう条件があれば戻れるか」という問いに対して、「聞きたいのはこっちだ」「分からないのは自分たちだ」と言われることもある。(注6)このような葛藤は、「国」「中央」「都市」などの視座からは見えてこない。だから、「周辺」からの視座をもつことが不可欠なのであり、これを、現場の感覚、当事者の目線と呼んでもよい。以上、問題を「普遍化」する方向と問題を「重層的」に見る方向、この二つの見方をもつべきなのである。

推測を交えていえば、よい意味での鈴木の「ゆれ」を介して、生徒は「問い方も答え方も複数ある」生活の重みを学び、「問題を複雑に考える労をいとわない」態度を学んだのではないか。たとえば、原発再稼働についても「賛成」「反対」「その理由」を出させるよりも、「わからない」の中身の多様性を知ることが大切であろう。

福島という「地方」が「中央」に自発的にとりこまれていく歴史を知り、幾世代の思い出や生活感情をつないできた福島という「故郷」を知った生徒にとって、福島で生きた意味は何だったのか。その上で自分が暮らす場所として福島を選択するのか、あるいは意志をもって別の選択をするのか。もちろん明快な回答などあるわけではない。しかし不安を伴いながらも中断できない実存的な問いかけは、「生きる場所」「生きてきた場所」を起点にして考えるからこそ駆動する。このような問いかけは、鈴木の「福島」の授業のどこかには存在していたのではないか。ひょっとすると教師自身が、このように自問自答したのではないか。そうであるならば、福島の授業は、卒業に際して進路を考え合う機会ともなっていたのではないか。

4 「ことば」の表現をとおしての「自己更新」

兼口実践・「ことば」「詩」の授業の背後にある「言語論的転換」という現代思想

兼口の「詩の授業」は革新的な意義をもっている、と私は考える。その前に、子どもたちが「遊び心」満載の活動のなかで、自分の個性を発見したり、生活の仕方やものの見方を変えていったりしていることを確認してから論を進めたい。

みんなを笑わせるようなことは言わない子が「ツッパリ」という詩を創作したことでクラスが笑いに包まれる。こういう作品が交流される空間は「ほっとする」と兼口は言っている。人と目を合わすことが苦手だった子が「無人島の幸福」という詩を選んで視写してくる。「彼のなかで幸福のとらえ方が一つ増えた」かもしれないと兼口は評している。キレると「死ね、死ね」をくり返し、同学年と遊ぶことができなかった子が「しりあわせ」や「暗唱」を楽しそうに聴いていた。このころから、彼はキレることも少なくなり、自分の思いを冷静に伝えられるようになったという。彼は「雪」という詩のなかで、雪は「いじわるだ」と「いいことをする」という対立する性格を描いている。この子はものごとを肯定的にとらえられるようになり、ユーモアの感覚が出てきたと兼口は評価している。

子どもたちは詩で「表現」しながら「自己更新」をしている。先に、兼口の子ども評価を逐一引用して紹介したのは、そこに子どもの「自己更新」の姿を見ておきたかったからである。自己更新とは表現しながら自分を書き換えていく営みである、と規定しておく。自分とは何か。それは自分にとっての謎なのである。語るとは、人に何かを「伝える」というよりも、自分が何であるかを「知る」という働きをもつ。語りたいものや思いが先に頭の中にあって、それをうまく言語にのせて表現するという順序をふむのではない。語りたいものは語られることによってはじめて顕在化する。人は、語りだすことではじめて「自分とは何か」を知っていくのである。この論理は、書くことにおいても接続する。

兼口の詩の授業は、表面においては楽しさや遊び心を出しながら、背景においては上記のような「言語論的転換」や「物語論」という現代思想のバックボーンをもっている。およそ子どもの変容を魅力的に感じる実践とは、刺激的な思想をふくんでいるともいえる。

また、兼口が良心的に引用している参考文献の編者にならっていえば、この「詩の授業」には「ことば」のとらえ方の転換がある。(注7) 今日、ことばがスキルであり、道具であり、習得させるものであるという発想が主流のようである。しかしこの発想は、能力の「習得」「所有」に子どもを駆り立て、学びと発達をめぐる「個人主義」と結びつく。その背後には、学力は個人の所有物であり、学力格差を自己責任の発想で済まそうとする新自由主義やビジネスモデルがひかえている。そうではなくて、ことばは、私たちの「経験や思いにかたちを与えたり、おたがいにそれらを受容しあったり承認しあったりしていくという出来事」を生起させる「媒介」ととらえるべきなのだ。兼口たちの試みは、新自由主義の枠内に留まらない、それとは別様の言語観や授業観を提供してくれるのである。

子どもは、おもしろい詩にふれたり、詩の技法に遊んだり、自分で詩を創作したり、他人の詩を読んだりしながら、世界や人間は「両義的」であることを学び、幸福にも多様な「選択肢」があることを学び、「矛盾」と同居できる自分を見出しながら落ち着きを獲得している。詩を書き、読み合うなかで、笑いやユーモアが生まれてくる。悲しみや怒りは知性ぬきでも感じることができるが、笑いには知性が必要である。人は現実を理解できてはじめて笑うことができるという側面もある。また、「親の気持ち」という詩のなかで、子どもは「(私の) 子どもに　子ども時代の私が　重なって見える　叱りたい相手は自分の子どもと私だったんだ」と書いている。これは子どもが「親に同化」して「親の〈いらだつ〉気持ち」を推測したものであるが、これは良質のカウンセリングの営みであるといえる。

このような「両義性」の許容、「選択肢」の増加、「矛盾」と同居といった子どもの変容の事実を、精神医学や発達論の観点から評価したいのである。たとえば、ストレス社会にあってその対極にある「癒し・癒される」とは、苦労の背景や理路がわかることであり、選択肢が増えることであり、そのことによって一つだけの尺度に囚われなくてもよいという安心を得ることでもある。精神医学においては、「正常」とは「矛盾した考えや感情が同居できること」であると定義され、「分裂にある程度耐える能力」、「両義性 (多様性) を耐える能力」であるともいわれる。もとより、

「異常」が見あたらないことを「正常」と呼んでいるだけだから、正常の定義自体がむずかしい。ここでは、よき意味での「健康」というくらいのニュアンスで考えていただきたい。(注8)要するに、子どもは詩を表現しながら成熟したおとなに向かって一歩を刻んでいると評価したいのである。

これらの学び・活動のすべての成果を、兼口は「子どもたちの『世界』が広がっている」と表現したのだろう、と私は解釈する。

兼口の実践記録全体から「ほっとする」感じを私は抱くのであり、逆にいえば「前のめりの熱さ」は感じない。これは実践が「知性的」になっていることだと考えるのだが、あながち強引な解釈でもないと思う。ほっとするような地道な詩の実践それ自体が、「グローバリズム」や「自己責任」や「弱者排除」という現代的不幸とは別の道筋を提示していることを確認しておきたい。

5　授業実践における「物語性」という視点
――「授業の一コマ」にこだわり「授業での居場所」をつくる植田実践

植田は、本人も書くように、長いスパンの総合学習をいくつもつみかさね、また教育課程の自主編成もリードする力量をもったベテランである。しかし、植田は、「いま必要なことは、何か一教科、その中の一コマでも子どもと『教え・教えられる』双方向の関係をもつ学習を成立させ、その居心地の良さ」を子どもに実感させることが大事であると結んでいる。本書でも、あえて短い記録や授業の一コマを紹介しているのは、過密なスケジュールで教材研究のゆとりを失うという倒錯した現場にあってもできることはあるというメッセージであり、若手教師へのエールであると、私は受けとりたいのである。

まず、三年生理科「太陽の光と熱」の学習である。以下は、この学習の発展版である。

（1）ストーブの近くに水の入ったバケツが置いてある。そうじで使う水を温めるためと子どもはいう。そこで「日なたに置いた水」と「ストーブの近くにある水の入ったバケツの水」、どちらが温かくなるか、教師は子どもに「挑戦状」を送る。その結果、「日なた水」が勝つ。

（2）片面だけ黒く塗った「ペットボトルソーラー温水器」を窓際に設置する。

（3）子どもたちは、そうじのたびに「太陽の恵み」を「あたたかいなあ」と受け取っている。

算数の授業では、「そもそも、三角形とは何か」という「三角形の定義」から始めている。

（1）まず、「ただの三角形」を定義する。辺に着目して三角形を名づけている（定義している）とき、算数が少し苦手な子が「角」に着眼するとヒントを出してくる。要するに、辺のちがいに着眼しても角のちがいに着眼しても、ただの三角形、二等辺三角形、正三角形が定義できることを理解する。

（2）コンパスを使って「長さ」を測りとって辺の長さに着眼していると、その子は「角を測りとることができるのか」と聞いてきたので、分度器を紹介した。

（3）多くの子どもが、三学期で心に残る授業に「三角形の授業」をあげた。

「アレルギー」をとりあげる「総合学習」の流れは、以下のとおりである。

（1）重いアレルギー反応を起こす子どもがいる。そこで、植田は「アレルギーは現代社会が直面する大きな課題」であると考え、アレルギーに対する認識を高め、みんなで対応しようと考えた。

（2）アレルギーの学習を進めていくと、当該の子どもだけでなく、クラスの子どもの大半が何らかのアレルギーを持っていることが判明した。

（3）アレルギーが起こる原因と対策を学び合う。その過程で、重いアレルギーをかかえている子が、昔は小麦が食べられなかったが五歳で食べられるようになり、九歳でピーナッツが食べられるようになったと証言する。その子は「アレルギーは全然こわくない」と言う。

三つの授業実践記録を、時系列に沿って記述したのには理由がある。植田の授業は「単発」で終わっていないのであり、植田の記録では授業で成長した子どもの「その後」の話が読めるからである。要するに、植田の授業記録には「事件」や「エピソード」を見出すことができるのであり、「物語性」を感じることができるのである。

教育実践記録を分析（読み合い、読み解き、批評）するさいのポイントを、竹内常一は次のように定式化している。「事実を事件化し、事件をエピソード化し、エピソードをストーリーに、ストーリーをハイストーリー（hi-story　歴史）にしていく。(注9)」この「読み方」は、生活指導だけではなく、授業の記録にも原則的にあてはまる、と私は考える。理科の授業のように「短い」「小さな」まとまりでも、あえて「物語的」に読んでみたいのである。

理科の授業（とその後）は、学習内容を生活場面に活用したというレベルには留まらない。子どもたちが、「太陽の恵み」を感じながらそうじをしているのだから、先の実験は「事件」として子どもの「記憶」の中に位置づいていると解釈したいのである。授業の記憶をもつということが教室に居場所を実感することにつながっていくはずだ。

ここで紹介された算数の授業の「おもしろさ」については、私はよく理解できない点もある。しかし、算数が苦手な子が「目を輝かせて」三角形の学習に「乗ってきた」、これに応えて植田も一三枚も通信を書いた、三学期の「心に残る授業」になった、という事実を重くとらえれば、これらの事件は「エピソード」になったのであろう。

アレルギーを当該の子どもだけの問題に限定していると、ただ「かわいそうだ」と温情をかけるだけになり、「配慮してあげよう」と慈恵の対象にしてしまう。植田の授業では、その子の「個別」で「私的な」アレルギー問題を「公の」学びとしたことに意義がある。その子は、共同で学ぶことによって、アレルギーについて「変えられない」特性を受け入れる落ち着き、発達にともなって「変わっていけた」自分の歴史、「変えるための」処方と勇気を獲得したのである。この話も、当該の子にとって「アレルギー」の意味が変わり、周りの子との関係も変わったという意味では、そして「知が力になる」道すじをみんなで学び合ったという意味では一つの「物語」であるといってよい。

6 「固有名詞」をもつ生徒への応答が学び合う力を育てる

――高橋実践・文学の授業にみる「優しい」討論と「批評」し合う関係

文学と教育の関係、文学の授業の課題などについては、膨大な研究や多様な論争点があるので、本論では扱う余裕はないし、私にはその能力もない。とりあえず、文学を読むことの可能性とは、自分の視野を広げる、自分とは異質な世界に出会う、といったことであり、そのためには自分の排他的視野や固定観念を破っていく読み方が必要である、というくらいの認識を共有したうえで話を進めたい。この認識は「作品とは読者が自分自身に出会う場所」であり、「読書行為とは、読者が自分自身をたえず読んでゆくプロセス」であるという文学理論に示唆を得ている。やや理想的な言い方をすれば、「読者は読書行為をとおして、みずからの認識なり思想を相対化してながめることのできる柔軟で広い視野に立つ主体へとつくりかえられてゆく」ことになるのである。(注10)

上記のことを「自分自身を読む」営みであると、やや強引に要約したい。そのうえで、高橋の文学の授業実践は、生徒が自分自身を読んでいく活動でもある、と評価したい。そのために、高橋は何をしているのか。高橋は「固有名詞をもつ生徒を意識して」応答している。授業における誠実な応答によって生徒と教師が「ともに読む力を高め合おう」としている。この二つのことは、高橋実践の特徴でもあると思う。

（1）応答し合うときに「固有名詞」と「宛て先」を明確にする

まず、教師の応答が生徒の「固有名詞性」を意識しながらなされている点について述べる。そもそも応答の指導が成功するには、まず生徒が意見を自由に活発に出せることが不可欠になる。先に兼口の詩の授業を批評するときに言及した「言語論的転換」に従えば、私たちは言葉をとおしてしか世界を理解できないのであるから、生徒も自分の言葉に表現しなければ、自分の思いを理解することができないし、自分の成長も確認できないことになる。

生徒の発言は、それが「未熟であっても尊重され応答してもらえる価値」があると実感できれば人は自分の思いを伝えようとする、と高橋は書く。しかし、これを文字通りスローガンとして生徒に宣言したからといって、これが実現するわけではない。高橋は明示的に書いてはいないが、もう一歩ふみ込んだ視点があると、私は推測する。

その視点として、「私は生徒の表現にいつも感動している」という教師・高橋の記述に注目したい。たとえば、寓話「急行列車」を教材とする授業では、〈この作品のラストには希望を読みとることはできない〉と解釈し、主人公である「わたし」を「夢にたどり着こうとして大切なものを捨てた結果、なにものにもなれなかった自分」と表現した生徒に対して、高橋は、「彼女自身の生きることへの意欲や葛藤が重なって感じられた」と評価している。この生徒は「夢」「自分自身（の成長）」という、学校教育が賞賛しがちな安直なハッピーエンドを拒んでいる。この意志的な読みの背後に生徒の個性をみるからこそ、高橋は、生徒の意欲と葛藤という対立項を重ね合わせ評価したのではないか。

「生徒の表現に感動する」という言い方は、教師自身が読みの技術をもち、多様な読みの可能性をもっている。もっていながらも、その「教師の読みの枠組み」を外れた生徒の解釈もありえるという地点にたった時に発せられる言葉なのではないか。この言い方は、生徒の断片的な表現に意味を見つけたり、混沌とした思いを言語化させたりする指導とセットになっていると私は推測するのである。この高橋の構えは、あなたの発想の由来まで聞きとろうというメッセージを含んでいるという意味で、きちんとした「宛て先」を伴っている。

呼びかけに対して返答できる条件は「この呼びかけは私宛のものだ」と確信できたときである、と主張する内田樹は、メッセージの「宛て先」の意味について以下のように述べる。メッセージの内容や文脈が不明であるにもかかわらず、それが自分宛だとわかれば、人は傾聴するのである。固有名を持った発信者から、固有名を持った受信者めざしてまっすぐに向けられるメッセージは受け入れてよい。その反対に、発信名が匿名で、受信者も不特定多数であるメッセージは、「君はいてもいなくてもいい」ということを暗に告げている。(注11)

前のタイプのメッセージがあるところでは、呼びかけに対する応答責任が生まれ、後のタイプのメッセージしかないところでは、徒労感しか生じない。このように解釈すれば、この授業で応答関係が成立してくる理由を見いだせるのではないか。

この授業でメッセージの宛て先に責任をもつ応答関係が生まれている一つの証拠として、「なんかその説もあり得るかも・・・って気がしてきた」、「でもそれだったらここが矛盾しない」という生徒の発言を挙げたい。これらは他人に優しく議論を仕掛けていく口調である。議論において決定的なのは、自説の優位を誇示することではない。そうではなくて、対話において語り手は、特定の相手にわかってもらおうとするために、読み方や考え方をあれこれと巡らせる。それを授業対話の場面では、「優しく議論を仕掛けていく」と私は呼んでみたのである。

人が「情理を尽くして語りかける」ときに、その人の思考は活性化し、言語における創造性も増す。(注12) 高橋の授業においては、教師も生徒も、意見を述べる「宛て先」を意識しているのだが、その人に敬意を払う語り方それ自体が、学級の中に学びの意欲とマナーを生み出す土台となっているのではないか。

(2) 異なる意見を批評し合いながら、教師も生徒もともに成長する

次に、教師と生徒が「ともに読む力を高め合う」という点について述べる。高橋の授業では、「言葉の多義性や象徴性を学ぶ」ということに焦点を当てた授業が構想され、そのために寓話「急行列車」をとりあげたことが功を奏している、と思う。そのときの課題は「主人公である〈わたし〉が急行列車に乗って目指す目的地はどこか」と設定されている。寓話であるから謎は多い。謎を見つけて立ちどまる、読みを一つに決めつけない、他人の読みを聞きながら他の読み

の可能性をさぐる、こういう読みを進めるためには寓話が適している。

「急行列車」の目的地は、「夢」「死」「父」「自分自身」であるというように、多様な意見が出され、その理由も長い文章で表現されている。もちろん、〈いろいろな意見があるね〉というレベルに留まっていては、自分の読みを相対化する地点にまで行くことはできない。この授業では、異なる意見をつき合わせその理由を議論し合っているというレベルになっていることは評価しておきたい。

だが、より重要なのは、以下の点である。作者の意図を読むのではなく、自分自身を読むという文学理論の考え方に従うならば、まず生徒は自由に読むことが保証される。ところが、私たちは自由に読むと言っても、自分が思うほどに自律的には読めないのだ。私たちは、自分たちが属している時代や社会が受け入れたものだけを選択的に受け入れているという意味で、より厳密にいえばその時々の「権力」を主体的に内面化することでアイデンティティを確立しているという意味で、私たちの自由はかなり限定的なものにすぎない。

世界に対する私たちの意識を制約するシステムは、国語教育においても貫徹される。石原千秋の見解にしたがって言うと、小説を一定の読み方で読むことが「国語教育という制度」によって強制されてきたのである。この場合の一定の読み方とは、「大人に成長することが人間の価値だとし、他人との共生を志向する道徳的な読み方」のことである。(注13)

国語教育において読解力といっても、それは一定の道徳的な枠組みから読む技術を身につけたことを意味する。石原によれば、これは「見えないイデオロギー教育」であり、イデオロギー教育を「見えない形で行うのが罪深い」のである。「見えないイデオロギー教育は知性を眠らせる」からである。また、多くの国語教科書と入試問題を調べた結果、そこであつかわれるテーマは、大きく分けて「自然に帰ろう」と「他者と出会おう」の二つになるという。この二つのメッセージを内面化した「人格」が、戦後の国語教育が求める「人格」となる。(注14)

国語教育の方向性についての石原の見解の詳細について論じることは、ここでの課題ではない。私たちが考えるべきポイントは、「国語教育という制度」を意識化する方法をもつことである。高橋が試みたように、文学の授業において違う読みをつきあわせることの意味は、私たちが無自覚的に選択してしまった読み方や意識的に内面化した読み方をゆさぶる契機となる点にある。また、生徒の読みは、根拠のないように見えても、教師がていねいに聞きこんで行けば、ある枠組みから読んだということが判明することもある。テクストから根拠を引き出す読みや自分の用いた枠組みに言及できる読みのことを、文学あるいは文学教育では「批評」という。(注15)そして、教師自身が「国語教科書」の道徳的な読み方を内面化して疑わないのであるから、生徒とともに授業することは、教師自身が読みの狭さを克服するチャンスになればよい。教師の成長と子どもの成長をともに達成するような教育方法でないと、それは正しい方法とは呼べないからである。

以上、「生徒の表現に感動している」と言い、生徒の意見や感想にていねいに対応する高橋の構えは、「制度として国語教育」を相対化するきっかけとなること、そして文学における「批評」

と同じ方向にあることを見ておきたかったのである。それは、世界に対する見方を狭めてしまう「道徳の教科化」とは別の道であることも確認しておきたい。

【注】

（1）伊藤真『伊藤真の日本一わかりやすい憲法入門』（中経出版、二〇〇九年）六八ページ。
（2）中野譲「川との語り合い」全生研編『生活指導』二〇〇二年九月、明治図書。竹内常一「関係の転換と意味の転換」『生活指導』二〇一一年六月。
（3）鈴木直「原発と福島」子安潤＋塩崎義明編著『原発を授業する』（旬報社、二〇一三年）
（4）開沼博『フクシマの正義』（幻冬舎、二〇一二年）三九ページ。
（5）開沼博『はじめての福島学』（イースト・プレス、二〇一五年）一三〜一四ページ。
（6）開沼博『フクシマの正義』二三九ページ以下。参照は、対談者である山下祐介の発言。
（7）西口敏治・船橋一男・本谷宇一編著『ことばを育む教室』（つなん出版、二〇〇五年）一八六ページ。
（8）中沢正夫『ストレス「善玉」論』（岩波書店、二〇〇八年）一五八ページ以下。中井久夫『「つながり」の精神病理』（筑摩書房、二〇一一年）二三七ページ以下。
（9）竹内常一「高校のＨＲづくりとは何か」高生研編『高校生活指導』二〇〇九年春季号、青木書店、一〇九ページ。
（10）大橋洋一『新文学入門』（岩波書店、一九九五年）九九ページ以下。この認識は、文学理論では「受容理論」と呼ばれ、広くみれば「テクスト論」の考え方に属し、そこには「構造主義」の影響がある。
（11）内田樹　釈徹宗『日本霊性論』（ＮＨＫ出版、二〇一四年）一六八ページ以下。
（12）内田樹『街場の文体論』（ミシマ社、二〇一二年）一六ページ。

（13）石原千秋『読者はどこにいるのか』（河出書房新社、二〇〇九年）六八ページ以下。
（14）石原千秋『国語教科書の思想』（筑摩書房、二〇〇五年）二五ページ以下、七四ページ以下。
（15）同上書、六一ページ以下。

あとがき

多彩な実践が並んだ。「多彩である」ことは「次のステージの輪郭を描き出す」ために欠かせないひとつの要素であることを、示しているだろう。

「まえがき」で述べられた三つの困難を読み返していただきたい。

「教科内容・教材研究からの教師の排除」という状況はすでに全国に広がっていて、それが「排除」であると気づいていない教師も多い。「教科内容はすでに決められているもの」で、「教材研究はそれを効率よく伝えていくためのもの」だという認識が、多くの教師たちにとって前提として疑いのないものだととらえられている現状を、私たち現場の教師は知っている。

本書で紹介されている実践においては、教師自らが「教科内容・教材研究」に挑んでいて、しかも多彩である。「挑む」姿は、それほど悲壮ではなく、むしろ軽やかにも見える。このこと自体が、実は多くの教師は「排除」の中にあるという事実を浮き彫りにしているのではないか。

「えっ、教科の内容ってこんなふうに教師がそれぞれで構想していいの？」

「こんな授業の進め方もありなの?」

という疑問の声があがっても不思議ではない。その疑問が、「奪われている」現実から生み出されたものであることを、ここに並んだ多彩な実践は明らかにしている。

「コンピテンシー・ベースの教育」も、現場ではそれほど大きな疑問もなく受け止められている。アクティブ・ラーニングは、子どもの学びのあり方としてほぼ疑いなく「よきもの」とみなされている「能動的な学び」を具体化するものとして、積極的に実践に取り入れられている例も多い。「知識伝達型」を越えたいと考えている教師たちは、アクティブ・ラーニングにある種の救いを見い出している。一方で、当の教師たちから「形式と手法を追い求めているに過ぎないのではないか」という疑問も浮上し始めているところである。

本書で紹介されている実践は、アクティブ・ラーニングであるかどうかを、とりたてて問題にしていない。子どもの暮らしの現実に出会い、「いろんな人がいる」という事実に向き合おうとした実践も、「あたりまえの生活を創造する」と題された野菜づくりを中核においた実践も、福島の現実の中にあって「原発」を授業として取り上げた実践も、それがアクティブ・ラーニングであるかどうかを授業者自らが問うていない。読みとれるのは、そこ(アクティブ・ラーニングであるかどうか)ではない、という自覚と問題意識である。何を学びたいのか、という教師と子どものまなざしから構想された学びがそこにある。学び方は、教師の揺れやとまどいを伴いつつ、模索され、子どもとともに構築されていく。

構築の過程で、コンピテンシー・ベースは、軽やかに対象化されていく。

学力競争とスキル競争は、もっとも卑近なところにある「教師と子どもを追い込む」現実である。「過去問」をくり返し解かせる（慣れさせる）ことで学力テストの全国順位を上げた沖縄をはじめとする全国各地の教師たちは、「それは本末転倒ではないか」という文科大臣の発言に唖然としている。本末とは、何が「本」で何が「末」であるのか、誰がそれを推奨したのか、というむなしい問いの中で、すでに競争から降りるという選択肢はないという逃れようのない渦の中に、全国の教師たちは身を置いている。

この「縛り」は、学びそのものを問い返すことを困難にしている。毎朝の小テスト、大量のプリントの宿題、学校内でのクラスごとのテスト結果の公表、順位の上下についてのお祝いや担任教師に対する叱咤激励など、およそ「学びの場」にふさわしいとは思えない事態が進行している例は枚挙に暇がない。

そのような現場に身を置く者として、「言葉という文化」を楽しみながらそれぞれの世界を広げたり、子どもの着眼をていねいに取り上げながら三角形を定義したり、物語の「読み」の楽しみを教師と子どもと共々に深めたり、という学びの世界は、憧憬に値する。と同時に、多くの「選択肢を奪われた」教師たちにとっては、ややもすると「そんな余裕はない」と一蹴されかねない。それでも…と思い返す。

私たちは、学び続けたいとどこかで願いながら教師として歩み始めたのではないか。「教えたい」という願いもあったかもしれない。でも、子どもに問い返されて、答えに窮したときに、「これが正解」と伝えることが仕事なのではない、と気づいたのではないか。そのとき、子どもとともに学び続けたいという思いを新たにしたのではないか。

唐突だが、ふいに思い出したことを書いておきたい。教師になりたての頃のことだ。初任は、人口の多い町で、学年六クラスという大規模校だった。毎日を夢中で過ごしていた。「わくわく」も「どきどき」も満載だった。「憧れの先輩」となる人たちにもたくさん出会った。生活指導も、学級通信も、合唱指導も、演劇指導もたくさん教えていただいた。全力疾走の日々の中で、「てっぽんかっぽんの咲く分校」というテレビのドキュメンタリー番組を見た。ほとんどテレビを見る余裕もない中で、それは「ふい」のできごとだった。記憶はあやふやなところもあるが、「ああ、こんなふうに子どもとゆったりと学んでいきたい」と思ったことは確かだ。いいなぁ…とのんびり見ているとき、画面にその分校の本校の校長先生が現れて、「このお弁当箱で、お母さんのお弁当を持って来てくださいね」とにこにこしながら言った。保温式のりっぱなお弁当箱をもらった分校の子は、「お母さんはいないからお弁当を作るのはお父さんだけどね」と答えた。それがその子の内言だったのか、本当に発せられた言葉だったのか、いまとなっては記憶は定かではない。ただ、私の中で「大人の善意」らしきものに「にこやかに答える分校の子ども」の像は、鮮やかに残った。なぜ「お母さんのお弁当」と言われたのか、本当はあの子は問いたかったのではないか。大人の意を汲むことが、もしかしたら「学び」に擬せられてはいなかったか、そんな疑問は、いまも続いている。

子どもの「学びたい」は、一様ではない。大人も同様のはずである。

両者の本来の「学びたい」という願いを奪う者はどんな形で私たちの前に姿を現しているのか、それに対して何よりも当事者たちがその「学びたい」を共有しつつ、楽しみながら展開している学びの姿とは…。

そんなことを本書は提示できたのではないかと思う。

ここからどんな学びを創造していこうか、と思いをめぐらせている読者のみなさんから、同じような「創造的な悩み」を抱えているみなさんに、本書をどんどん広めていっていただいたら、この国の学びの世界は、大きく開けていくものと確信している。

二〇一六年五月

坂田　和子

「シリーズ教師のしごと」完結の辞

本双書は当初、第一巻『生活指導とは何か』、第二巻『生活指導と学級集団づくり　小学校』、第三巻『生活指導と学級集団づくり　中学校』、第四巻『学びと生活指導』、第五巻『学級づくりの方法』からなる全五巻として刊行する予定であった。

だが、学習指導要領が現在の学校システムの改革をふくんで改定されることが予測されることから、全生研の出版企画をあらためて構想する必要が出てきた。そのために、第五巻の編集は次の企画に取り込むことにして、本双書は第四巻『学びに取り組む教師』の刊行でもって完結することにした。

第四巻の当初のタイトルである『学びと生活指導』を『学びに取り組む教師』と変更したのは、本巻編者の意思によるものであるが、当初の『双書』の企画に添ったものとなっているので、編者の意思を尊重した。

本双書は出揃ったばかりではあるが、昨年刊行された第一巻の重版が示すように、読者の期待に応えるものであったと確信している。

本年刊行された第二巻、第四巻もまた読者の期待に添うものとなっていることを報告し、『シリーズ　教師のしごと』が完結したことをお知らせする。

二〇一六年六月一五日

編集代表　竹内常一

編者・執筆者一覧

竹内　常一（たけうち・つねかず）編者
1935年生まれ。國學院大學名誉教授。全国生活指導研究協議会常任委員。竹内塾主宰。主著として『生活指導の理論』（明治図書、1969年）『教育への構図』（高文研、1976年）『子どもの自分くずしと自分つくり』（東京大学出版会、1987年）『竹内常一 教育のしごと 全5巻』（青木書店、1995年）『教育を変える』（桜井書店、2000年）、『読むことの教育』（山吹書店、2005年）『今なぜ教育基本法か』（桜井書店、2006年）などがある。

子安　潤（こやす・じゅん）編著者・I章
1953年生まれ。広島大学教育学研究科博士課程中退。愛知教育大学教授。日本教育学会理事、日本教育方法学会常任理事、日本カリキュラム学会理事、教師教育学会理事。単著として『「学び」の学校』（ミネルヴァ書房、1999年）、『反・教育入門』（白澤社、2006年）、『リスク社会の授業づくり』（白澤社、2013年）。共著書として『教室で教えるということ』（八千代出版、2010年）、『１８歳選挙権時代の主権者教育を創る－憲法を自分の力に』（新日本出版2016年）

坂田　和子（さかた・かずこ）編著者・あとがき
1956年生まれ。早稲田大学教育学部国語国文学科卒。神奈川県小学校教師。全国生活指導研究協議会研究全国委員。おもな著書に『せんせい、あした晴れるかな』（高文研、1990年）、共著に『スマホ時代の授業あそび』（学事出版、2013年）『学びと自治の最前線』（大月書店、2000年）、『父母とのすれちがいをどうするか』（高文研、1998年）他。

植田　一夫（全生研・研究全国委員）Ⅲ章実践記録
兼口　大（公立小学校教諭）Ⅲ章実践記録
白石　陽一（熊本大学教育学部准教授）Ⅳ章解説
鈴木　直（福島市立岳陽中学校）Ⅱ章実践記録
高橋　智佳子　Ⅲ章実践記録
中野　譲　Ⅱ章実践記録
原田　真知子（神奈川県・小学校教師）Ⅱ章実践記録

〈五十音順〉

全生研（全国生活指導研究協議会）
1959年に結成され、50有余年の歴史を持つ民間教育研究団体。
英文名は、The Japanese Society for Life Guidance Studies.
全国の支部を基礎に小・中学校の教師を中心に研究者も交えた実践交流と研究討議を積み重ね、夏の全国大会の「大会基調」による研究運動方針は、ひろく日本の教育課題を反映したものである。機関誌は『生活指導』（高文研）。
ブログ http://ameblo.jp/zenseiken/

シリーズ教師のしごと第4巻
学びに取り組む教師

●二〇一六年 八 月 一 日――――第一刷発行

編著者／竹内常一・子安潤・坂田和子

発行所／株式会社 高文研
東京都千代田区猿楽町二―一―八
三恵ビル（〒一〇一―〇〇六四）
電話03＝3295＝3415
http://www.koubunken.co.jp

印刷・製本／シナノ印刷株式会社

ISBN978-4-87498-598-4 C0037